JN303107

第7回「わんマン賞」グランプリ作品

こころの介助犬天ちゃん

難病のキヨくんの「妹」はレトリバー

林 優子

ハート出版

このお話《はなし》は、重《おも》い「てんかん」という病気《びょうき》と闘《たたか》っているキヨくんと家族《かぞく》、そして飼《か》い犬《いぬ》の「天《てん》ちゃん」との暮《く》らしを書《か》いた実話《じつわ》です。

　私《わたし》たちの社会《しゃかい》には、人《ひと》を助《たす》けるかしこい犬《いぬ》たちがいます。目《め》の見《み》えない人《ひと》を助《たす》ける「盲導犬《もうどうけん》」、耳《みみ》の聞《き》こえない人《ひと》を助《たす》ける「聴導犬《ちょうどうけん》」、体《からだ》の不自由《ふじゆう》な人《ひと》を助《たす》ける「介助犬《かいじょけん》」などです。このような犬《いぬ》は厳《きび》しい訓練《くんれん》の末《すえ》に試験《しけん》に合格《ごうかく》して、国《くに》の法律《ほうりつ》で大切《たいせつ》にされています。

　天《てん》ちゃんは法律《ほうりつ》で認《みと》められた介助犬《かいじょけん》ではありませんが、キヨくんを助《たす》ける「わが家《や》の介助犬《かいじょけん》」なのです。キヨくんは病気《びょうき》のため、片言《かたこと》しかしゃべることができません。天《てん》ちゃんも言葉《ことば》をしゃべれません。でも、天《てん》ちゃんとキヨくんは心《こころ》で話《はな》しているとお母《かあ》さんは信《しん》じています。

●もくじ

キヨくんの発病《はつびょう》

キヨくんがまだ五ヵ月《げつ》の赤《あか》ちゃんだった頃《ころ》のことです。

おふろから上《あ》がったばかりのキヨくんに、お母《かあ》さんはミルクを飲《の》ませていました。キヨくんは、両手《りょうて》でほ乳《にゅう》ビンをもち、ゴクゴクと元気《げんき》にミルクを飲《の》みました。

お母《かあ》さんは幸《しあわ》せそうに、その様子《ようす》を見《み》ています。

ふと、お母《かあ》さんは、ミルクを飲《の》んでいるキヨくんの小《ちい》さな左手《ひだりて》が、しだいに紫色《むらさきいろ》になり始《はじ》めているのに気《き》がつきました。キヨくんが、ほ乳《にゅう》ビンをかたくにぎりしめていたのです。

お母《かあ》さんは、いそいでキヨくんの手《て》からほ乳《にゅう》ビンをはずし、カチカチになっている左手《ひだりて》をそっと広《ひろ》げてやりました。

（まだ飲《の》んでるのに…、ミルクをはやく返《かえ》して！）

キヨくんは、そう言《い》わんばかりの目《め》で、お母《かあ》さんを見《み》つめました。

しばらくすると、手《て》のひらはやわらかくなり、ほんのりとピンク色《いろ》になりました。お母《かあ》さんは、ふたたびミルクを飲《の》ませることにしました。すると、キヨくんはまた、小《ちい》さな手《て》が紫色《むらさきいろ》になるほど、かたくにぎりしめました。

（これはいったい何《なん》なのだろう。キヨくん、早《はや》く飲《の》み終《お》わって…）

お母《かあ》さんは祈《いの》るような気持《きも》ちで、キヨくんを見守《みまも》りました。

あともう少《すこ》しで、飲《の》み終《お》わります。お母《かあ》さんは、少《すこ》しホッとしました。でも、その時《とき》、キヨくんの左手《ひだりて》と左足《ひだりあし》がビクッビクッと、けいれんしだしたのです。

「キヨ、どうしたん!?　キヨ！」

キヨくんの口《くち》もとは笑《わら》っているようにも見《み》えましたが、声《こえ》は出《で》ませんでした。

左目《ひだりめ》だけがまばたきをして、右目《みぎめ》は開《ひら》いたままの状態《じょうたい》でした。

「お父《とう》さん、早《はや》く来《き》て。キヨがおかしい。お父《とう》さん、早《はや》く！」

お母《かあ》さんは大声《おおごえ》で、まだおふろの中《なか》にいるお父《とう》さんを呼《よ》びました。お父《とう》さんが、バスタオルをまいて、いそいで出《で》てきました。

「これって…。なんかわからへんけど、すぐ病院《びょういん》に行《い》ってみよ」

お父《とう》さんとお母《かあ》さんは、あわててキヨくんを抱《だ》きかかえ、車《くるま》に乗《の》り込《こ》みました。

病院《びょういん》へ向《む》かう車《くるま》の中《なか》。ふしぎなことに、それまでのけいれんはおさまり、キヨくんは泣《な》き始《はじ》めました。

お医者《いしゃ》さんは、キヨくんのために、薬《くすり》をくれました。この日《ひ》からキヨくんは毎日《まいにち》、けいれんをおさえるための薬《くすり》を飲《の》むことになりました。

生後《せいご》5ヵ月頃《げつごろ》のキヨくん(右《みぎ》)と、兄《あに》の将基《まさき》くん

　キヨくんが生《う》まれて、七ヵ月《げつ》がすぎました。最初《さいしょ》のけいれんを起《お》こしてから二ヵ月《げつ》。この頃《ころ》には、大《おお》きな発作《ほっさ》をくり返《かえ》すようになっていました。

　けいれんの発作《ほっさ》が起《お》きると、キヨくんは、

「ウー、ウー」

と、苦《くる》しそうにうなり声《ごえ》をあげ、そして体《からだ》をかたく反《そ》らしました。くちびるは、みるみる紫色《むらさきいろ》に変《か》わっていきます。

うなり声《ごえ》が止《や》んだと思《おも》ったら、今度《こんど》は体《からだ》を折《お》るようにして、手《て》と足《あし》がガクガクとけいれんするのです。

お母《かあ》さんはそんな発作《ほっさ》が起《お》きるたびに、キヨくんが死《し》んでしまうのではないかと、こわくて、こわくて、オロオロするばかりでした。

大《おお》きな病院《びょういん》で診《み》てもらったところ、キヨくんは『SME《エスエムイー》』という病気《びょうき》であることがわかりました。『SME《エスエムイー》』とは、「乳児重症《にゅうじじゅうしょう》ミオクロニーてんかん」の英語名《えいごめい》を略《りゃく》したもので、てんかんの中《なか》でも発作《ほっさ》が多《おお》い病気《びょうき》です。

てんかんの発作《ほっさ》で亡《な》くなることは、ほとんどありません。ですが、『SME《エスエムイー》』は、二時間《じかん》たっても、三時間《じかん》たっても発作《ほっさ》が止《と》まらないことがあります。

そうしているうちに息《いき》ができなくなり、亡《な》くなることがあるのです。

息《いき》ができない――、それはとてもつらいことです。

鼻《はな》と口《くち》をいっしょにつまんでみてください。苦《くる》しくなって、手《て》を離《はな》してしまうでしょう。キヨくんはどんなに苦《くる》しくても、発作《ほっさ》が終《お》わるまで、がまんするしかないのです。これがキヨくんの、てんかん発作《ほっさ》なのです。

キヨくんは熱《ねつ》がでた時《とき》や、おふろに入《はい》った時《とき》、まぶしい光《ひかり》を見《み》た時《とき》、興奮《こうふん》した時《とき》などに発作《ほっさ》を起《お》こしました。

お母《かあ》さんは毎日《まいにち》、キヨくんとふたりで、家《いえ》の中《なか》にとじこもって、発作《ほっさ》が起《お》きないように、ただそれだけを考《かんが》えてすごすようになりました。テレビさえ見《み》せられません。一日《にち》がとても長《なが》いものになりました。

お母《かあ》さんは、ぼんやりと時計《とけい》の針《はり》が進《すす》むのを見《み》てすごしました。けれども時《と》計《けい》は、こわれているのかと思《おも》えるくらい、ゆっくりとしか進《すす》みません。何《なに》を楽《たの》しむでもなく、毎日《まいにち》がただゆっくり、ゆっくりすぎていくだけでした。

カーテンのすき間《ま》から、外《そと》を見《み》つめるキヨくん…。でも、キヨくんは太陽《たいよう》の光《ひかり》を見《み》ているだけも発作《ほっさ》を起《お》こします。お母《かあ》さんは心配《しんぱい》して、窓《まど》から光《ひかり》が入《はい》らないようにしました。それでもキヨくんは、何《なに》かのきっかけで発作《ほっさ》を起《お》こして、苦《くる》しみました。

お母《かあ》さんは、発作《ほっさ》が起《お》こるたびに涙《なみだ》を流《なが》し、ただオロオロするばかりでした。

「どうして？　どうして発作《ほっさ》が起《お》きるの？　カゼもひいてないじゃない。おふろだって、あたたまりすぎないように気《き》をつけてる。窓《まど》だってしめ切《き》ったままじゃない！　テレビだって見《み》せていないのに…」

お母《かあ》さんの心《こころ》の中《なか》は、どうしようもないいらだちが、どんどん大《おお》きくなるばかりでした。

家《いえ》の中《なか》にとじこもる日々《ひび》は、一年以上《ねんいじょう》も続《つづ》きました。

お母《かあ》さんは泣《な》き疲《つか》れてしまいました。生《い》きる気力《きりょく》もなくしてしまいそうです。

そんなある日《ひ》のことでした。

お母《かあ》さんは、暗《くら》い部屋《へや》の中《なか》で、じっとしているキヨくんの顔《かお》を見《み》ました。そこには、笑《わら》わない男《おとこ》の子《こ》がいました。

外《そと》で遊《あそ》べないどころか、友《とも》だちもいない、テレビも見《み》られない、たいくつな毎日《まいにち》が、キヨくんから笑顔《えがお》さえも、うばっていたのです。

お母《かあ》さんは、ハッとしました。

「キヨくん…。ごめんね。発作《ほっさ》があったらあった時《とき》のこと、キヨくんが悪《わる》いわけじゃないんだよね。キヨくんはそういう病気《びょうき》なだけなんだよね。発作《ほっさ》をこわがらずに、毎日《まいにち》を楽《たの》しくすごそうね」

お母《かあ》さんは、キヨくんにそう言《い》いました。

キヨくんは二歳《さい》八ヵ月《げつ》になりました。

お母《かあ》さんは、キヨくんの食事療法《しょくじりょうほう》を始《はじ》めました。食事療法《しょくじりょうほう》はそれなりの効《こう》果《か》があり、起《お》きている時《とき》の発作《ほっさ》が少《すく》なくなって、ほとんどが寝《ね》ている時《とき》の発作《ほっさ》へと変《か》わっていきました。テレビも少《すこ》しずつですが、見《み》せられるようになりました。キヨくんの行《い》けるところや、遊《あそ》べることが少《すこ》しずつ増《ふ》え、なくしていた表情《ひょうじょう》も、ひとつ、またひとつと戻《もど》ってきました。

お母《かあ》さんは、キヨくんがとても表情《ひょうじょう》が豊《ゆた》かな子《こ》どもであることに、気《き》がつきました。

ポロポロと涙《なみだ》だけが、ほほをつたっている時《とき》は、悲《かな》しかったり、さみしかったりする時《とき》です。くちびるを少《すこ》しとんがらせて、「ウェーン、ウェーン」と、声《こえ》を出《だ》して泣《な》いている時《とき》は、少《すこ》し甘《あま》えている時《とき》です。まゆとまゆの間《あいだ》にシワをよせ、目《め》に涙《なみだ》をためている時《とき》は、イヤなことや、したくないことをさせられている時《とき》です。

笑《わら》っているキヨくんも、泣《な》いているキヨくんも、お母《かあ》さんは大好《だいす》きでした。

キヨくん、犬《いぬ》の背中《せなか》に乗《の》る

キヨくんはゾウが大好《だいす》きです。テレビや絵本《えほん》でゾウを見《み》つけると、目《み》をランランとかがやかせます。お母《かあ》さんが「ゾウさんの歌《うた》」を歌《うた》ってあげると、手《て》をしきりに左右《さゆう》にゆさぶりながら、ニコニコします。でもキヨくんは、まだ本物《ほんもの》のゾウを見《み》たことがありません。

そこでお母《かあ》さんは、桜《さくら》の木《き》があわいピンク色《いろ》の花《はな》でそまる頃《ころ》、家族《かぞく》みんなで、本物《ほんもの》のゾウがいる『姫路《ひめじ》セントラルパーク』へ行《い》くことにしました。

「キヨくん、ほら、あれがゾウさんだよ」

「……」

キヨくんは、本物《ほんもの》のゾウの大《おお》きさに、おどろいてしまいました。でも、こわがることもなく、柵越《さくご》しにエサをあげたりしました。キヨくんはニコニコ笑《わら》って、楽《たの》しそうでした。

姫路《ひめじ》セントラルパークには、「ふれあい広場《ひろば》」というコーナーがあります。そこは、小《ちい》さな動物《どうぶつ》たちにさわったり、いっしょに遊《あそ》んだりできる場所《ばしょ》です。ゾウさんを見《み》たあと、キヨくんはそこへ行《い》きました。

ウサギやモルモットがいます。

「キヨくん、ほら、ウサギさんだよ」

キヨくんは、お母《かあ》さんからウサギを渡《わた》されると、ギュッとにぎってしまいました。

「やさしくね、そおっとなでてやるのよ」

と、お母《かあ》さんが言《い》いました。けれどもキヨくんは、ニコニコ笑《わら》いながら、ウサギをギュッとにぎりしめてしまうのです。

キヨくんは、これまで家《いえ》の中《なか》か病室《びょうしつ》で、ほとんどの時間《じかん》をすごしてきました。ですから、こうして目《め》の前《まえ》に現《あらわ》れた本物《ほんもの》の小《ちい》さな動物《どうぶつ》たちが、めずらしくてしかたがありませんでした。キヨくんのうれしい気持《きも》ちが、ウサギをギュッとにぎりしめるという行動《こうどう》になったのだと、お母《かあ》さんは思《おも》いました。

でも子《こ》どもとはいえ、力《ちから》いっぱいにぎりしめられたウサギは、足《あし》をバタバタさせて、ちょっと苦《くる》しそうです。

「ごめんね、ウサギさん。でも、ありがとね」

お母《かあ》さんはそういって、キヨくんの手《て》から、ウサギを放《はな》してあげました。

ウサギとモルモットの次《つぎ》は、ちょっと大《おお》きなヤギと羊《ひつじ》のコーナーに行《い》きました。今度《こんど》はキヨくんがヤギや羊《ひつじ》におそわれる形《かたち》になりました。

エサを持《も》ってウロウロするキヨくんの後《あと》を、ヤギや羊《ひつじ》たちがついて回《まわ》ります。

キヨくんは、手《て》でギュッとエサをにぎりしめ、離《はな》すことができないので、ヤギたちはむりやり、キヨくんの手《て》からエサをうばいました。

びっくり顔《がお》のキヨくん。

（なんで、勝手《かって》に取《と》るんだよっ！）

と怒《おこ》っているのか、それとも、

（こっちへ、来《く》るなっ！）

と警戒《けいかい》しているのか、キヨくんは、目《め》をキョロキョロさせています。

食欲旺盛《しょくよくおうせい》なヤギや羊《ひつじ》は、キヨくんの気持《きも》ちなどおかまいなしに、キヨくんの手《て》からエサを取《と》りました。そして、エサがなくなると、（もう、この子《こ》に用《よう》はない）とばかりに、さっさと、次《つぎ》のエサを求《もと》めて去《さ》って行《い》きました。

キヨくんは、エサがなくなっても手《て》をギュッとにぎりしめています。そして、お母《かあ》さんのほうを振《ふ》り向《む》いて、ニコリと笑《わら》いました。

ヤギと羊《ひつじ》の次《つぎ》は、犬《いぬ》とのふれ合《あ》いの場《ば》に行《い》きました。

キヨくん、この日《ひ》一番《いちばん》の笑顔《えがお》(お父《とう》さん、あの犬《いぬ》に乗《の》りたいよ)

大《おお》きな犬《いぬ》です。キヨくんは、おとなしく座《すわ》っているその犬《いぬ》にトコトコと近《ちか》づくと、足《あし》を上《あ》げて犬《いぬ》の背中《せなか》に乗《の》ろうとしました。でも、犬《いぬ》が大《おお》きすぎて、キヨくんの足《あし》では、とうていまたげません。それでも、足《あし》を上《あ》げようと必死《ひっし》なキヨくん。係《かかり》の人《ひと》が、「ボク、乗《の》りたいんだね」と言《い》いながら、キヨくんを持《も》ち上《あ》げると、犬《いぬ》の背中《せなか》にそっと乗《の》せてくれました。キヨくんは犬《いぬ》の背中《せなか》に、抱《だ》きつきました。

春《はる》とはいえ、この日《ひ》は花冷《はなび》えを感《かん》じさせる陽気《ようき》です。キヨくんは、犬《いぬ》のあたたかさを体《からだ》いっぱいに感《かん》じているようでした。

しばらくして、キヨくんは犬《いぬ》の背中《せなか》からおりると、犬《いぬ》に顔《かお》を近《ちか》づけて、にこやかに頭《あたま》をなでました。

その時《とき》です。犬《いぬ》がペロッとキヨくんの顔《かお》をなめたのです。キヨくんは、目《め》がまん丸《まる》になりました。そして、そのあとに、

「ウフフッ」と笑《わら》いだしました。犬《いぬ》も大《おお》きな丸《まる》い目《め》でキヨくんを見《み》て、ほほえんでいるようでした。

お母《かあ》さんは、キヨくんは犬《いぬ》と話《はなし》をしているのだろうかと、戌年《いぬどし》（犬年《いぬどし》）生《う》まれのキヨくんを見《み》つめながら、ふしぎな気持《きも》ちになりました。

キヨくんのお父《とう》さんとお母《かあ》さんは、犬《いぬ》が大好《だいす》きでした。ですから、子《こ》どもたちが大《おお》きくなったら「犬《いぬ》を飼《か》おう」と思《おも》っていました。でも、キヨくんの病気《びょうき》

のことがあったので、犬《いぬ》を飼《か》うことをあきらめていたのです。

ところが、ふれ合《あ》い広場《ひろば》でキヨくんが大《おお》きな犬《いぬ》をこわがるどころか、うれしそうになでていたのを見《み》たお父《とう》さんとお母《かあ》さんは、決《き》めました。

「キヨくんのためにも、お兄《にい》ちゃんの将基《まさき》のためにも犬《いぬ》を飼《か》おう！」

お父《とう》さんもお母《かあ》さんも、あの時《とき》のキヨくんの、とびっ切《き》りの笑顔《えがお》が忘《わす》れられなかったのです。そして、きっとキヨくんのお兄《にい》ちゃんの将基《まさき》くんも、よろこぶと思《おも》いました。

将基《まさき》くん、チックになる

キヨくんは今《いま》まで何度《なんど》も入院《にゅういん》しています。

一度《いちど》入院《にゅういん》すると、短《みじか》くて二週間《しゅうかん》、長《なが》い時《とき》は三ヵ月《げつ》近《ちか》くなります。その間《あいだ》、お母《かあ》さんはキヨくんに付《つ》きっきりになります。そのたびにキヨくんのお兄《にい》ちゃんの将基《まさき》くんは、いろんな所《ところ》へあずけられました。お兄《にい》ちゃんといっても、将《まさ》基《き》くんはまだ幼稚園児《ようちえんじ》でした。

キヨくんの入院《にゅういん》はとつぜん決《き》まることが多《おお》く、たいていの場合《ばあい》、病院《びょういん》から帰《かえ》ることなく、そのまま入院《にゅういん》となりました。ですから、お母《かあ》さんは将基《まさき》くんを知《し》り合《あ》いの家《いえ》にあずけてからキヨくんの病院《びょういん》へ行《い》き、そのまま病院《びょういん》から将基《まさき》くんにキヨくんの入院《にゅういん》を知《し》らせることもありました。

「将基《まさき》、先生《せんせい》がね、『おうちにかえったらあかん』って言《い》いはるねん。わかるよね。このままキヨくんは入院《にゅういん》するから、将基《まさき》はそのままお父《とう》さんがおむかえに行《い》くまで、そこでおりこうに待《ま》ってるねんよ」

「うん、わかった」

「おばちゃんの言《い》うことを、ちゃんと聞《き》くねんよ」

「うん…。こんどはいつ、帰《かえ》ってこられるの？」

「そんなん、わからへんよ。とにかく、おりこうにね。先生《せんせい》きはったから、電《でん》話切《わき》るよ」

「お母《かあ》さん、あのね…、あのね…」

入院《にゅういん》してしばらくは、あわただしく時間《じかん》がすぎていきます。お母《かあ》さんは、将《まさ》基《き》くんにゆっくり話《はな》すどころか、話《はなし》を聞《き》いてやることもできませんでした。


家庭《かてい》でキヨくんをみられないほど病状《びょうじょう》が悪《わる》くなると、休診日《きゅうしんび》でも、夜《よる》でも、病院《びょういん》の先生《せんせい》と電話《でんわ》で相談《そうだん》をします。

「先生《せんせい》、朝《あさ》から発作《ほっさ》が何度《なんど》もくり返《かえ》されています。お薬《くすり》を使《つか》ったのですが、二時間《じかん》に一回《かい》、一時間《じかん》に一回《かい》二回《かい》と、発作《ほっさ》と発作《ほっさ》の間隔《かんかく》が短《みじか》くなるばかりです」

「まずいですね。すぐ連《つ》れて来《き》てください。緊急外来《きんきゅうがいらい》から病院《びょういん》に入《はい》ってください。入院《にゅういん》の手続《てつづ》きを済《す》ましておきますから」
「わかりました。すぐ家《いえ》を出《で》ます」

こんなことが夜中《よなか》であったりすると、将基《まさき》くんを起《お》こしてそのまま病院《びょういん》へ向《む》かいます。キヨくんが緊急外来《きんきゅうがいらい》から病室《びょうしつ》に入《はい》っても、将基《まさき》くんは病室《びょうしつ》には入《はい》ることができません。病院《びょういん》の規則《きそく》で、中学生以下《ちゅうがくせいいか》の子《こ》どもは、たとえ兄弟《きょうだい》であっても、病室《びょうしつ》に入《はい》ることは禁止《きんし》されているのです。

それは、小《ちい》さな子《こ》どもたちはカゼなどのバイキンを持《も》っていることが多《おお》いからです。入院《にゅういん》している子《こ》どもたちは感染《かんせん》に弱《よわ》いので、病気《びょうき》がうつってしまいやすいのです。もし、うつってカゼなどをひいてしまうと、それが引《ひ》き金《がね》になって、命《いのち》さえも危険《きけん》な状態《じょうたい》になってしまうのです。

ですから、将基《まさき》くんは病院《びょういん》にお見舞《みま》いに来《き》ても、面談室《めんだんしつ》というところで、ひとりで待《ま》たなければなりません。マンガやオモチャで遊《あそ》んでいるうちに、うずくまるように丸《まる》くなって、寝《ね》てしまっていることもよくありました。

「将基《まさき》、将基《まさき》…、起《お》きなさい。帰《かえ》るよ」

「うん!?　あ、お父《とう》さん。キヨくんは？」

「とりあえず、今《いま》は落《お》ちついてる」

「お母《かあ》さんは？」

「まだ、キヨくんから離《はな》れられないから…。また、電話《でんわ》するからって」

「うん、わかった」

キヨくんの状態《じょうたい》が落《お》ちつくと、お父《とう》さんと将基《まさき》くんは家《いえ》に帰《かえ》ります。そして将基《まさき》くんはまた知《し》り合《あ》いの家《いえ》にあずけられて、キヨくんの退院《たいいん》をいろんなところで待《ま》つのです。

入院《にゅういん》の日《ひ》があらかじめわかっている時《とき》もあります。

「あと何日《なんにち》かで、キヨくん入院《にゅういん》やんね」

「うん、あと三日《みっか》やね。今度《こんど》はこのお家《うち》でお世話《せわ》になるねんで。おばちゃんの言《い》うこと聞《き》いて、おりこうに待《ま》っててね」

「こんどは、どれくらい入院《にゅういん》するの？」

「うまくいったら、一ヵ月《げつ》くらいやと思《おも》うよ」

「ふーん、一ヵ月《げつ》か。わかった」


そして三日後《みっかご》の朝《あさ》、玄関《げんかん》のチャイムがなり、おばちゃんが将基《まさき》くんをむかえに来《き》てくれました。

「いつもごめんね。よろしくお願《ねが》いします。これがお荷物《にもつ》。じゃ…、将基《まさき》、行《い》ってらっしゃい」

「うん…、行《い》ってきます」

うつむきかげんに返事《へんじ》をする将基《まさき》くんの目《め》からポトンと、涙《なみだ》がこぼれ落《お》ちました。お母《かあ》さんはしゃがみこむと、思《おも》わず将基《まさき》くんを抱《だ》きしめました。

「ごめんね。キヨくんとがんばってくるから…。将基《まさき》もがんばってね」

「うん、わかってる。……。なるべく電話《でんわ》できる時《とき》には、電話《でんわ》してね」

「うん、わかった。電話《でんわ》するからね。じゃあね。いい子《こ》にしててね」

お母《かあ》さんは、将基《まさき》くんのほほをつたう涙《なみだ》を、手《て》でそっとぬぐいながら言《い》いました。将基《まさき》くんは、消《き》え入《い》りそうな声《こえ》で、「うん」と返事《へんじ》をすると、笑《わら》ってみせるのでした。

肩《かた》を落《お》とし、手《て》を引《ひ》かれてついて行《い》く将基《まさき》くんのうしろ姿《すがた》に、お母《かあ》さんは「ごめんね。ごめんね」と、何度《なんど》もくり返《かえ》しあやまりました。

家《いえ》ではあまりかまってもらえない将基《まさき》くんですが、おばさんの家《いえ》ではいっしょに遊《あそ》んでもらったり、まだ行《い》ったことのないところへ連《つ》れて行《い》ってもらっ

たりしました。お母《かあ》さんから電話《でんわ》がかかってきても、

「いま、遊《あそ》んでいるところ。忙《いそが》しいから、じゃあね」

と、電話《でんわ》を切《き》ってしまうこともありました。お母《かあ》さんはそんなとき、ホッとします。でも将基《まさき》くんは、ふと、さみしくなりました。どんなによくしてもらっていても、将基《まさき》くんはまだ幼稚園児《ようちえんじ》です。お母《かあ》さんが恋《こい》しい年頃《としごろ》でした。

キヨくんが退院《たいいん》となり、ひさしぶりにお母《かあ》さんが家《いえ》に帰《かえ》ってきました。将基《まさき》くんの様子《ようす》が少《すこ》し変《へん》です。ひんぱんに、まばたきをくり返《かえ》したり、不《ふ》自然《しぜん》に首《くび》を振《ふ》ったりします。それは、チックという症状《しょうじょう》でした。チックとは、心《こころ》のさびしさが体《からだ》にあらわれてしまうものです。将基《まさき》くんは小《ちい》さな体《からだ》の中《なか》に、さみしさをぎゅうっととじ込《こ》めていたのでした。

（お兄《にい》ちゃんなんだから、いい子《こ》にしていなくっちゃ）

と、がまんしていたのです。でも、そのがまんが心《こころ》にいっぱいにたまり、まばたきや、首《くび》の振《ふ》りという動《うご》きになってしまったのです。チックをくり返《かえ》す将基《まさき》くんを見《み》て、お母《かあ》さんは、（将基《まさき》、ごめんね。きょうは、お母《かあ》さんに、いっぱい甘《あま》えていいんだよ）と、心《こころ》で言《い》いました。その言葉《ことば》を口《くち》に出《だ》して言《い》ってしまうと、将基《まさき》くんの心《こころ》がこわれてしまいそうに感《かん》じたからです。

家族《かぞく》がみんなそろった生活《せいかつ》がしばらく続《つづ》くと、将基《まさき》くんのチックは自然《しぜん》に治《なお》りました。お母《かあ》さんもホッとしました。

でも、キヨくんがまた入院《にゅういん》すると、将基《まさき》くんもまたあずけられ、チックになってしまいました。そんなことのくり返《かえ》しでした。

お父《とう》さんとお母《かあ》さんは、さみしい思《おも》いをさせてしまっている将基《まさき》くんにとっても、きっと犬《いぬ》は大《おお》きななぐさめになってくれるだろうと思《おも》いました。

犬《いぬ》がやってきた

ちょうどそんな時《とき》でした。お父《とう》さんがラジオで、「盲導犬《もうどうけん》の最終試験《さいしゅうしけん》に落《お》ちてしまった犬《いぬ》を引《ひ》き取《と》ることができる」という話《はなし》を耳《みみ》にしたのです。

「しっかり訓練《くんれん》を受《う》けている犬《いぬ》なら、私《わたし》たちでも飼《か》えるかもしれへんね」

「そうやろ。いざ飼《か》ってみて、ほえグセや、かみグセがひどかったりして、手《て》におえなくなってしまうこともないと思《おも》わへんか？」

「ほんまや。犬《いぬ》のシツケまで手《て》がまわらへんもんね。調《しら》べてみてくれる？」

お父《とう》さんがインターネットで『介助犬《かいじょけん》を育《そだ》てる会《かい》』に相談《そうだん》しました。

何度《なんど》かメールをやりとりするうち、ラジオで言《い》っていた「盲導犬《もうどうけん》の最終試《さいしゅうし》験《けん》に落《お》ちてしまった犬《いぬ》」を引《ひ》き取《と》ることは、とてもむずかしいことだとわかりました。

盲導犬《もうどうけん》に育《そだ》てる犬《いぬ》は、生《う》まれてしばらくすると、パピーウォーカーといわれる家《いえ》に引《ひ》き取《と》られ、そこで半年《はんとし》ほど育《そだ》てられます。その間《あいだ》に、愛情《あいじょう》をたくさんかけられた犬《いぬ》は、人《ひと》にあつい信頼《しんらい》を寄《よ》せるようになります。パピーウォーカーの人《ひと》も、目《め》の不自由《ふじゆう》な方々《かたがた》の役《やく》に立《た》つようにと、せっかくなついた犬《いぬ》と泣《な》く泣《な》くお別《わか》れするのです。ですから、最終試験《さいしゅうしけん》に落《お》ちてしまった犬《いぬ》は、パピーウォーカーの家《いえ》へ帰《かえ》ることが多《おお》いのです。

介助犬《かいじょけん》を育《そだ》てる会《かい》の代表《だいひょう》の人《ひと》から、連絡《れんらく》が入《はい》りました。

「とにかく一度《いちど》、メールではなく、直接会《ちょくせつあ》って話《はなし》をしましょう。キヨくんにも会《あ》ってみたいですし…」

そして、いよいよ家族《かぞく》そろって、代表《だいひょう》の方《かた》が住《す》む京都《きょうと》へ行《い》くことになりました。

介助犬《かいじょけん》になるための訓練《くんれん》を受《う》けている犬《いぬ》に出会《であ》うと、将基《まさき》くんもキヨくんもうれしそうです。

「こんな犬《いぬ》ならだいじょうぶだね。ぜったい、飼《か》いたい！」

お父《とう》さんとお母《かあ》さんは、そんなふうに言《い》いました。

そして、キヨくんの病気《びょうき》の話《はなし》や、今《いま》までの生活《せいかつ》を話《はな》し、どのような犬《いぬ》がいいのかを聞《き》くと、代表《だいひょう》の方《かた》は、次《つぎ》のようなアドバイスをしました。

「キヨくんやご家族《かぞく》にとっては、特別《とくべつ》な訓練《くんれん》を受《う》けている犬《いぬ》ではなく、家庭犬《かていけん》でいいと思《おも》います。家庭《かてい》のなかで家族《かぞく》と暮《く》らしていくうちに育《そだ》っていく犬《いぬ》でいいんじゃないでしょうか。訓練《くんれん》の済《す》んでいる犬《いぬ》は値段《ねだん》も高《たか》いですし…。

犬《いぬ》の種類《しゅるい》はゴールデンレトリバーで、メスがいいでしょう。ゴールデンレトリバーはがまんをたくさんできる犬《いぬ》ですし、なにより、優《やさ》しくてかしこい犬《いぬ》です。ラブラドールだと、好奇心《こうきしん》が強《つよ》すぎて、それが良《よ》いほうへぜんぶ向《む》けばいいのですが、手《て》が付《つ》けられなくなる犬《いぬ》もいるんですよ。

メスをすすめるのは、母性本能《ぼせいほんのう》がたくさんあるので、キヨくんが入院中《にゅういんちゅう》の時《とき》など、お兄《にい》ちゃんにとってもいいと思《おも》うからです。よかったら、犬《いぬ》の代金《だいきん》だけいただければ、心当《こころあ》たりもありますし、探《さが》してみますよ。いい親《おや》の子犬《こいぬ》はほぼ間違《まちが》いなくだいじょうぶですし、うちでシツケは引《ひ》き受《う》けますよ」

「ありがとうございます。そこまでお願《ねが》いできるなんて…。よろしくお願《ねが》いします。いちおうお聞《き》きしますが、ゴールデンレトリバーは大型犬《おおがたけん》ですよね。どこで飼《か》うことになるんですか？」

「もちろん、家《いえ》の中《なか》ですよ。車《くるま》イスやツエだって、家《いえ》の中《なか》で使《つか》うでしょ。まして や、犬《いぬ》は家族《かぞく》の一員《いちいん》なのですから」

「そうですよね。家族《かぞく》をむかえるつもりで、待《ま》っています」

「特別《とくべつ》な訓練《くんれん》を受《う》けなくても、いっしょに生活《せいかつ》することで、犬《いぬ》も育《そだ》っていくんですよ。発作《ほっさ》の起《お》きる前《まえ》に発作《ほっさ》を予知《よち》して、飼《か》い主《ぬし》に教《おし》えてくれる犬《いぬ》もいるんですよ」

「すごい…」

「お渡《わた》しできるのは、子犬《こいぬ》が生《う》まれてから、半年《はんとし》すぎてからになるでしょう。子犬《こいぬ》の犬《いぬ》の体《からだ》は、ほぼおとなの犬《いぬ》くらいにまで大《おお》きくなっていると思《おも》います。子犬のかわいい時《とき》に、いっしょに暮《く》らせないですけど、それはちょっとがまんしてくださいね。だけど、ほえない、かまない、散歩《さんぽ》の時《とき》は引《ひ》っぱらない、それからトイレのシツケも済《す》ませてからお渡《わた》ししますよ」

「わかりました。よろしくお願《ねが》いします」

「お兄《にい》ちゃん、犬《いぬ》の名前《なまえ》を考《かんが》えておいてよ。その名前《なまえ》でシツケするからね。大《おお》きい犬《いぬ》やけど、散歩《さんぽ》の時《とき》にリードをグイグイ引《ひ》っぱったりしないようにしておくから、お兄《にい》ちゃんも連《つ》れて行《い》ったげてよ」

「うん、うんとかわいがる」

帰《かえ》りの車《くるま》の中《なか》では、さっそく犬《いぬ》の名前《なまえ》を何《なに》にしようか、みんなでワイワイと話《はな》し合《あ》いました。

お母《かあ》さん。「モモちゃんは？」

将基《まさき》くん。「へ～ん」

お父《とう》さん。「それに、言《い》いにくいよ」

将基《まさき》くん。「てんは？」

お父《とう》さん。「てん、てんか。うん、いい、いい。呼《よ》びやすいし」

お母《かあ》さん。「キヨくんもテンなら言《い》えるし…。よい、よい」

キヨくんは一《いち》から十《じゅう》までは言《い》えないけど、ワンからテンまでは言《い》えました。

というのは、『英語《えいご》であそぼ』というテレビ番組《ばんぐみ》が大好《だいす》きで、それでおぼえてしまっていたのです。

半年後《はんとしご》にやってくる五番目《ばんめ》の家族《かぞく》。しっぽがはえて、人《ひと》の言葉《ことば》は話《はな》せないけど、キヨくんの「妹《いもうと》」です。名前《なまえ》は「天《てん》」に決《き》まりました。

ゴールデンレトリバーの天《てん》ちゃん。キヨくんとうまくやっていけるのでしょうか。ところで、天《てん》の名前《なまえ》の由来《ゆらい》ですが、それは、名付《なづ》け親《おや》の将基《まさき》くんの、最《さい》近《きん》の作文《さくぶん》から紹介《しょうかい》しましょう。

犬《いぬ》を飼《か》う心得《こころえ》

6年《ねん》　林《はやし》　将基《まさき》

ボクは小学《しょうがく》一年生《ねんせい》の時《とき》から、ゴールデンレトリバーの大型犬《おおがたけん》を飼《か》っています。名前《なまえ》は天《てん》です。その名前《なまえ》の由来《ゆらい》は、犬《いぬ》を飼《か》うことを決《き》めた日《ひ》の夕《ゆう》ご飯《はん》が天《てん》ぷらだったからです。犬《いぬ》を飼《か》って良《よ》かったことは、遊《あそ》び相手《あいて》などになってくれることです。

犬《いぬ》を飼《か》う時《とき》は、ある程度覚悟《ていどかくご》をします。まず、必《かなら》ず散歩《さんぽ》をすること、そしてトイレの後始末《あとしまつ》をすること、そして犬《いぬ》を楽《たの》しませることなどです。そういうことが出来《でき》る人《ひと》でないと、途中《とちゅう》で犬《いぬ》を捨《す》ててしまうかもしれません。だからそういう自信《じしん》がある人《ひと》は犬《いぬ》を飼《か》ってもいいと思《おも》います。

しかし、いくら自信《じしん》があっても、あまり飼《か》う犬《いぬ》が多《おお》すぎたら、ヤキモチをやいて、かわいそうだと思《おも》います。だからもし、犬《いぬ》を飼《か》うなら、一匹《ぴき》か二匹《ひき》にした方《ほう》がいいと思《おも》います。

天《てん》ぷらだったなんて、天《てん》ちゃんが聞《き》いたら、怒《おこ》るかもしれませんね。

さて…。しばらくして、介助犬《かいじょけん》を育《そだ》てる会《かい》に、生《う》まれたばかりの天《てん》ちゃんがやってきました。これから半年間《はんとしかん》、家庭犬《かていけん》としてのシツケを受《う》けることになりました。丸《まる》く太《ふと》って、かわいい子犬《こいぬ》です。

すると、

「一度《いちど》、遊《あそ》びがてら、天《てん》ちゃんに会《あ》いに来《き》ませんか？」

と、介助犬《かいじょけん》を育《そだ》てる会《かい》から、電話《でんわ》がありました。

もちろん、二《ふた》つ返事《へんじ》で行《い》くことになりました。

将基《まさき》くんは大《おお》よろこびです。お父《とう》さんといっしょに、会《あ》いに行《い》くことになりました。でも、キヨくんとお母《かあ》さんは、会《あ》いに行《い》くことができませんでした。

キヨくんの病気《びょうき》が、悪《わる》くなっていたからです。

これまでは、体《からだ》がかたくなり、そのあと手足《てあし》がガクガクして、発作《ほっさ》はおさまりました。発作《ほっさ》がおさまると、呼吸《こきゅう》をすることができるようになり、

「フー、フー」

と、あらい息《いき》をします。でも、この頃《ころ》のキヨくんは、ガクガクが終《お》わっても

なかなか息《いき》をせず、目《め》をつぶり、力《ちから》なく横《よこ》たわったままになるのです。

こうなると、緊急事態《きんきゅうじたい》です。キヨくんの口《くち》に酸素《さんそ》マスクを当《あ》て、何度《なんど》もなんども胸《むね》を押《お》して、肺《はい》に酸素《さんそ》を送《おく》ります。キヨくんがやっと自分《じぶん》で呼吸《こきゅう》を始《はじ》めると、

「フーッ、フーッ」

と、あらい息《いき》とともに、酸素《さんそ》マスクがいっきに白《しろ》くくもります。そんな発作《ほっさ》をくり返《かえ》すようになったので、キヨくんはまた緊急入院《きんきゅうにゅういん》をすることになったのです。

お父《とう》さんと将基《まさき》くんは、天《てん》ちゃんに会《あ》いに行《い》けなかったキヨくんのために、写真《しゃしん》をたくさんとって、病院《びょういん》へ来《き》てくれました。

天《てん》ちゃんは、ゴールデンレトリバーの中《なか》でも白《しろ》っぽい毛《け》なみで、ぬいぐるみのようです。

「天《てん》ちゃんはボール遊《あそ》びが大好《だいす》きで、投《な》げてやると、よろこんでボールを取《と》ってくるんやで！」

コロコロとした小《ちい》さな体《からだ》でボールをおいかけ、じまんげにボールをくわえて戻《もど》ってくる天《てん》ちゃんと遊《あそ》んできた将基《まさき》くんは興奮《こうふん》していました。

「メッチャかわいいねんでぇ。あー、早《はや》く天《てん》ちゃんといっしょに暮《く》らしたいなぁ」

将基《まさき》くんは、お母《かあ》さんとキヨくんにそんなふうに報告《ほうこく》しました。

お母《かあ》さんは、天《てん》ちゃんの写真《しゃしん》をさっそく病室《びょうしつ》にかざりました。

「がんばって、早《はや》く退院《たいいん》しようね。天《てん》ちゃんに早《はや》く会《あ》いたいね」

キヨくんもうれしそうに写真《しゃしん》の天《てん》ちゃんを見《み》ています。そして、それまでグッタリしていたのに、

「ワンワン、ワンワン！」

天《てん》ちゃんに会《あ》いに行《い》った名付《なづ》け親《おや》の将基《まさき》くん

と大《おお》きな声《こえ》で、天《てん》ちゃんに話《はな》しかけるようになりました。

ゴールデンウィークが近《ちか》づいたある日《ひ》、介助犬《かいじょけん》を育《そだ》てる会《かい》から、

「二、三日《にち》、天《てん》ちゃんを連《つ》れて帰《かえ》っていいですよ」

と、電話《でんわ》がありました。

「わー、天《てん》ちゃんと遊《あそ》べる。うれしい！」

将基《まさき》くんは、ゴールデンウィークまでの日数《にっすう》を指《ゆび》おり数《かぞ》えて、楽《たの》しみにしていました。

「ねー、何日《なんにち》、天《てん》ちゃんおれるの？」

「お父《とう》さんが天《てん》ちゃんを送《おく》りむかえできる日《ひ》から考《かんが》えたら、三日間《みっかかん》やね」

「えー、たった三日《みっか》だけぇ」

「しゃあないやん。三日《みっか》でも、家《いえ》に連《つ》れてこれるだけいいやん。ねっ」

「うん、わかった。早《はや》く会《あ》いたいなあ。また大《おお》きくなったかなあ」

将基《まさき》くんは、ニコニコ顔《がお》でお母《かあ》さんを見《み》ました。

今度《こんど》は、キヨくんも家《いえ》にいるので、みんなで楽《たの》しい数日《すうじつ》がすごせそうです。

キヨくんも、「ワンワン」と言《い》いながら、その日《ひ》を心待《こころま》ちにしていました。

そして、ついにゴールデンウィークのその日《ひ》がやってきました。

お父《とう》さんと将基《まさき》くんが車《くるま》で京都《きょうと》まで、天《てん》ちゃんをむかえに行《い》きました。

ところが…。

天《てん》ちゃんを乗《の》せた車《くるま》の中《なか》は、大変《たいへん》なことになっていました。

「お母《かあ》さん、ただいまぁ」

「おかえり、将基《まさき》。キャー、天《てん》ちゃん！　かわいいぃい。はじめまして」

「お母《かあ》さん、そんなノンキにしてる場合《ばあい》とちゃうでぇ。車《くるま》の中《なか》、えらいことやでぇ」

「えっ？」

「オーイ、いらんタオルとゴミぶくろを持《も》ってきてくれぇ」

お父《とう》さんのせっぱつまった声《こえ》が、玄関先《げんかんさき》の駐車場《ちゅうしゃじょう》から聞《き》こえてきました。

お母《かあ》さんは、とりあえず近《ちか》くにあったゴミぶくろを持《も》って、外《そと》に出《で》ました。

車《くるま》の前《まえ》で、お父《とう》さんがこまった顔《かお》で立《た》っていました。

「大変《たいへん》やったあ。車《くるま》に乗《の》るなり、天《てん》はオシッコ。後始末《あとしまつ》して走《はし》りだしたら、こんどは吐《は》くし、やっと家《いえ》につくかと思《おも》ったら、ウンチやぞ。まいったあ」

「うそぉ。おつかれさまぁ」

すると、家《いえ》の中《なか》から、将基《まさき》くんの声《こえ》がしました。

「お母《かあ》さん、すぐ来《き》て！　天《てん》がオシッコ失敗《しっぱい》したぁ」

「えーっ、車《くるま》の中《なか》でしてきたんとちゃうの？」

「したよ！　お父《とう》さん運転《うんてん》してるから、ボクが後始末《あとしまつ》したんやで」

お母《かあ》さんが家《いえ》の中《なか》へ走《はし》って入《はい》っていくと、リビングの床《ゆか》が一ヵ所《しょ》、オシッコで水《みず》たまりになっていました。

「あー、ほんまや。天《てん》！　トイレはもうできるって聞《き》いてたのにぃ」

お母《かあ》さんは目《め》がまん丸《まる》になりました。すると、

「あーっ、天《てん》がイスのあしをガリガリかんでる！」

「いー、ほんまや。天《てん》！　やめなさい！」

お母《かあ》さんは、あわてて天《てん》ちゃんの首《くび》をつかみ、天《てん》ちゃんの口《くち》からイスを離《はな》しました。

「あー、キズになってしもうた」

お母《かあ》さんがイスのキズをなでていると、台所《だいどころ》のほうから、またもや将基《まさき》くんの声《こえ》がしました。

「あっ、こんどはウンチや！」

（この犬《いぬ》は、ほんとうに天《てん》ちゃんなの？　聞《き》いてた話《はなし》とぜんぜんちがうやん。三日《みっか》も家《いえ》にいることになっているのに、だいじょうぶかぁ。それに、キヨくんとも、うまくやっていけるやろか）

お母《かあ》さんは、頭《あたま》がクラクラしました。

でも、キヨくんは天《てん》ちゃんが来《き》たことがわかって、「ワンワン」と、声《こえ》を出《だ》して大《おお》よろこびです。初《はじ》めて車《くるま》に乗《の》って、見知《みし》らぬところへ連《つ》れてこられて、不安《ふあん》でいっぱいの天《てん》ちゃんの心《こころ》を、一番《いちばん》わかっていたのは、もしかしたらキヨくんだったかもしれません。

こうして、ゴールデンウィークの三日間《みっかかん》はあわただしくすぎていきました。お母《かあ》さんは、もうヘトヘトです。

そして、お父《とう》さんと将基《まさき》くんには、最後《さいご》の大仕事《おおしごと》が待《ま》っていました。天《てん》ちゃんを車《くるま》に乗《の》せて、京都《きょうと》まで送《おく》って行《い》かなくてはならないのです。天《てん》ちゃんは、

わたし天《てん》、初《はじ》めてこの家《うち》に来《き》たけど楽《たの》しいよ

やっぱり車《くるま》の中《なか》でオシッコとウンチをしてしまいました。

お父《とう》さんと将基《まさき》くんは、鼻《はな》をつまみ、車《くるま》の窓《まど》を全開《ぜんかい》にして帰《かえ》って来《き》ました。

天《てん》ちゃんと暮《く》らし始《はじ》めて

さて、六カ月《げつ》の訓練《くんれん》も終《お》わり、いよいよ天《てん》ちゃんと暮《く》らせる日《ひ》がやってきました。介助犬《かいじょけん》を育《そだ》てる会《かい》から、引《ひ》き渡《わた》す前《まえ》の注意《ちゅうい》として、こんなお話《はなし》がありました。

「くれぐれも、生活《せいかつ》が犬中心《いぬちゅうしん》にならないようにしてくださいよ。雨《あめ》ふりには散歩《さんぽ》に連《つ》れて行《い》かないでいいです。そのためにトイレのシツケをしたんですから…。

天《てん》ちゃんを長生《ながい》きさせるように考《かんが》えてください。エサはドッグフードのみ。

一歳《さい》をむかえる頃《ころ》には、避妊手術《ひにんしゅじゅつ》を受《う》けてください。痛《いた》い思《おも》いをさせてかわいそうに思《おも》われるかもしれませんが、避妊手術《ひにんしゅじゅつ》をすることで、病気《びょうき》のリスクが減《へ》ります。発情期《はつじょうき》もなくなりますから、精神的《せいしんてき》に安定《あんてい》します。

ゴールデンウィークの時《とき》のようなことはないと思《おも》いますが、トイレは何回《なんかい》か失敗《しっぱい》するかもしれません。もし、いたずらやトイレの失敗《しっぱい》があったら、その瞬間《しゅんかん》に注意《ちゅうい》してください。犬《いぬ》は時間《じかん》がたってから、これはダメと言《い》われても、なんでしかられているのかが、わかりませんから。

それから犬《いぬ》は、飼《か》い主《ぬし》のその時《とき》の気分《きぶん》によって違《ちが》うことを言《い》われたり、違《ちが》うことをされたりすると、とても迷《まよ》います。たとえば、二階《かい》には上《あ》げないと、いったん決《き》めたことは、ずっと守《まも》ってください。ちょっと来《き》てごらんとか、きょうだけよと言《い》うのはダメです。一度決《いちどき》めたら、ちゃんと守《まも》ってやるのが、犬《いぬ》のためになることですよ」

「はい、わかりました。いろいろありがとうございました」

と、お父《とう》さんが答《こた》えました。

「こまったことがあったら、いつでも電話《でんわ》してくださいね」

「はい、ありがとうございます。家族《かぞく》がふえて、ほんとうにうれしいです」

天《てん》ちゃんのリードを両手《りょうて》ににぎった将基《まさき》くんと、お父《とう》さんが、ペコリと頭《あたま》を下《さ》げ、お礼《れい》を言《い》いました。

天《てん》ちゃんもしっぽを振《ふ》って、六ヵ月《げつ》の訓練《くんれん》のお礼《れい》を言《い》いました。


車《くるま》に乗《の》って一路《いちろ》、宝塚市《たからづかし》へ向《む》かいます。将基《まさき》くんもお父《とう》さんも、前回《ぜんかい》のことがありますから、ハラハラ、ドキドキです。お父《とう》さんはいつも以上《いじょう》に慎重《しんちょう》に運転《うんてん》しています。でも、何《なん》とか今回《こんかい》はだいじょうぶでした。

家《いえ》ではお母《かあ》さんとキヨくんが、今《いま》かいまかと待《ま》っていました。

「わぁ、天《てん》ちゃん。大《おお》きくなったなぁ」

お母《かあ》さんが目《め》を細《ほそ》めました。キヨくんも、天《てん》ちゃんと会《あ》えて「ワンワン」と、うれしそうに声《こえ》をあげました。

トイレのことが心配《しんぱい》だったので、天《てん》ちゃんといっしょに使用《しよう》ずみのペットシートを持《も》って帰《かえ》り、用意《ようい》していたトイレにしきました。こうすれば、トイレの失敗《しっぱい》が少《すく》なくなると聞《き》いていたからです。

一度来《いちどき》たことのある家《いえ》とはいえ、天《てん》ちゃんにとっては、まだ落《お》ちつけない場所《ばしょ》であることには違《ちが》いありませんでした。

天《てん》ちゃんは家《いえ》の中《なか》をウロウロ歩《ある》きまわり、あちらこちらをクンクンとかぎまわっています。かたときも、じっとしていません。

「天《てん》ちゃん、犬《いぬ》が変《か》わったみたいやなぁ。向《む》こうでは、介助犬《かいじょけん》みたいにかしこく見《み》えたのに…。こんどはだいじょうぶなんかぁ」

「あー、そこちがう！　いけない！」

ちょっと天《てん》ちゃんから目《め》を離《はな》したスキに、とんでもないところでオシッコをしてしまいました。すぐにお父《とう》さんが「ダメッ」と、しかりました。すると天《てん》ちゃんは、言《い》うことがわかったのか、しょんぼりした顔《かお》になりました。

「わぁ、すごい！　天《てん》ちゃん、わかったみたいや」

将基《まさき》くんがおどろいた声《こえ》で言《い》いました。

たしかに、ゴールデンウィークの時《とき》より、はるかに成長《せいちょう》した天《てん》ちゃんでした。天《てん》ちゃんは、一家《いっか》の群《む》れのボスがお父《とう》さんであることを、すぐに理解《りかい》したようです。お父《とう》さんの次《つぎ》がお母《かあ》さん。そしてその次《つぎ》が将基《まさき》くん。でも、キヨくんは…。天《てん》ちゃんは、ちょっと迷《まよ》いました。キヨくんが天《てん》ちゃんに命令《めいれい》することはありません。しかることもありません。でも、天《てん》ちゃんはキヨくんが一番好《いちばんす》きになりました。

そんなある日《ひ》のこと、群《む》れのボスであることを自覚《じかく》したのか、あるいはその権威《けんい》を見《み》せつけようとしたのか、お父《とう》さんが天《てん》ちゃんを抱《だ》きかかえました。すでに体重《たいじゅう》が三〇キロ近《ちか》い天《てん》ちゃんです。

グギッ！

にぶい音《おと》が、お父《とう》さんの腰《こし》のあたりから聞《き》こえました。

「あたたたあ、やってもた、いってぇ」

「だいじょうぶ？」

「だいじょうぶ、ちゃう！」

「天《てん》ちゃんは、わが家《や》でいちばん重《おも》たい子《こ》どもやもんねぇ」

「そ、そうか…」

お父《とう》さんはギックリ腰《ごし》になってしまいました。その日《ひ》からお父《とう》さんは、痛《いた》みにたえ、シップのにおいまみれの生活《せいかつ》を送《おく》りました。何《なに》もわからないキヨくん

がダッコをせがむと、

「キヨ、止《や》めて…。おねがい」

と、本気《ほんき》で頼《たの》みました。一家《いっか》のボスとしては、なんとも心《こころ》もとないことになってしまいましたが、ほかにボスになれそうな者《もの》もいなかったので、引《ひ》き続《つづ》き、お父《とう》さんがボスとして君臨《くんりん》しました。

天《てん》ちゃんが家族《かぞく》に加《くわ》わって、家《いえ》の中《なか》は一気《いっき》に明《あか》るくなりました。

「天《てん》、すわれ！」

「天《てん》、まて！」

「天《てん》、よし！」

将基《まさき》くんは、天《てん》ちゃんにいつもピッタリくっついています。キヨくんは付《つ》かず離《はな》れず、天《てん》ちゃんの様子《ようす》をうかがっています。キヨくんのオモチャを天《てん》ちゃ

わたしも「えびせん」食《た》べたいよ、ねぇ、お母《かあ》さん

んがくわえて遊《あそ》ぶと、みんながいっせいに、「天《てん》！　いけない！」と声《こえ》をあげます。すると、天《てん》ちゃんはすごすごと、オモチャをキヨくんに返《かえ》します。キヨくんだけが天《てん》ちゃんをしからないで、ニコニコ笑《わら》っています。天《てん》ちゃんは、（キヨくんは、いいよって言《い》ってるよ）と、言《い》いたそうな顔《かお》です。

　天《てん》ちゃんのことをしかったり、ほめたりしているうちに、いつのまにかみんなの声《こえ》が大《おお》きくなり、ずいぶんやかましくなりました。これまで、キヨくんのことに気《き》をつかって、あまり大《おお》きな声《こえ》を出《だ》すことのなかったお母《かあ》さんとお父《とう》さんでしたが、それがウソのようです。笑《わら》い声《ごえ》も、なんだかそれまで以上《いじょう》に大《おお》きくなったようでした。

小学生《しょうがくせい》になっていた将基《まさき》くんには学校《がっこう》があるので、キヨくんが入院《にゅういん》しても、今《いま》までのように泊《と》まり込《こ》んであずかってもらうことが、むずかしくなっていました。そんな将基《まさき》くんにとって、天《てん》ちゃんという家族《かぞく》が増《ふ》えたことは、本当《ほんとう》にうれしいことでした。

ひとりで留守番《るすばん》をして、お母《かあ》さんやお父《とう》さんの帰《かえ》りを待《ま》つ時間《じかん》も長《なが》くなっていたのです。だけど、天《てん》ちゃんが家族《かぞく》になってくれていたので、キヨくんが入院《にゅういん》して、お母《かあ》さんに会《あ》えなくなっても、将基《まさき》くんは以前《いぜん》のようにチックが出《で》ることもありませんでした。天《てん》ちゃんと遊《あそ》ぶことで、将基《まさき》くんの心《こころ》がさみしさであふれてしまうことがなくなったからでしょう。

天《てん》ちゃんは、みんなから愛《あい》されました。時々《ときどき》いたずらをして、しかられたりしましたが、それ以上《いじょう》に、たくさんほめられ、たくさん頭《あたま》をなでられました。ふしぎなことに、キヨくんのオモチャを取《と》ったりすることもなくなりました。むしろ、天《てん》ちゃんの様子《ようす》を見《み》ていると、キヨくんを守《まも》っているようにも思《おも》えました。

そんなある日《ひ》のこと、キヨくんのおじいちゃんが、天《てん》ちゃんに会《あ》いに来《き》ました。天《てん》ちゃんがおじいちゃんに会《あ》うのは、もちろん初《はじ》めてです。

「やあ、天《てん》ちゃん。初《はじ》めましてぇ。ワシ、おじいちゃんやでぇ」

ワン！　ワン！

なんと、おじいちゃんに向《む》かって、天《てん》ちゃんは思《おも》いっ切《き》りほえたのです。

「わっ、天《てん》ちゃんがほえた。おじいちゃんにほえた」

将基《まさき》くんが、びっくりして声《こえ》をあげました。

「いやー、はじめて天《てん》ちゃんの声《こえ》を聞《き》けたわ。女《おんな》の子《こ》やのに、太《ふと》い声《こえ》やね」

と、お母《かあ》さんが笑《わら》いました。

おじいちゃんは、ほえられたのが自分《じぶん》だとわかり、

「天《てん》ちゃん、ワシ、こわあないでえ。ほえたんは、肉《にく》やろ？　ほら、おみやげに肉《にく》をたくさん持《も》ってきたから…」

おじいちゃんは、ほえられた原因《げんいん》を肉《にく》のせいにしました。

「そーかー？　もらった肉《にく》はまだ玄関先《げんかんさき》にあるままやのにぃ」

と、お母《かあ》さんは、肉《にく》のせいではなく、おじいちゃんのこわそうな顔《かお》だと思《おも》いました。

「においや、におい！　肉《にく》のにおいがするんやろ。そうに決《き》まっとる。ワシのことを、こわがっとるわけじゃない」

おじいちゃんは、さかんに言《い》いわけをしました。すると、天《てん》ちゃんがトコトコとおじいちゃんの目《め》の前《まえ》にやって来《き》ました。

「ホレ、見《み》ぃ。天《てん》ちゃんは、ワシのこと、歓迎《かんげい》しとるやないか」

おじいちゃんは、うれしそうな顔《かお》をして、天《てん》ちゃんの頭《あたま》をなでようとしました。ところが天《てん》ちゃんは、おじいちゃんの目《め》の前《まえ》で、オシッコをしたのです。

「な、なんやこれぇ。歓迎《かんげい》のしるしかぁ。アハハハ。うれしいなあ」

おじいちゃんは、とつぜんのことで笑《わら》うしかありませんでした。

これまで一度《いちど》もほえたことのない天《てん》ちゃんに番犬《ばんけん》は無理《むり》だと、家族《かぞく》のみんなは思《おも》っていました。でも、天《てん》ちゃんのおじいちゃんへの態度《たいど》を見《み》ていると、家《か》族《ぞく》を守《まも》ろうとしていることがわかります。

天《てん》ちゃんは天《てん》ちゃんなりに、家族《かぞく》の一員《いちいん》としての役割《やくわり》をはたそうとしているのだと、お母《かあ》さんは思《おも》いました。

三人《さんにん》の兄弟《きょうだい》ゲンカ

天《てん》ちゃんは、ボール遊《あそ》びが大好《だいす》きです。空中《くうちゅう》ダイレクトキャッチや、ワンバウンドボールのキャッチが得意《とくい》です。遠《とお》くに投《な》げられるお父《とう》さんが相手《あいて》だと、落下地点《らっかちてん》を予想《よそう》して、先回《さきまわ》りしてキャッチします。

＜かくれんぼの鬼《おに》＞も得意《とくい》です。

「天《てん》ちゃん、将基《まさき》は？」

「天《てん》ちゃん、キヨくんは？」

と、お母《かあ》さんが言《い》うと、将基《まさき》くんやキヨくんがどんなところに隠《かく》れていても、一目散《いちもくさん》にかけていきます。そして、隠《かく》れているところに一度《いちど》顔《かお》をのぞかせ、お母《かあ》さんに振《ふ》り向《む》いて（ここに隠《かく》れているよ！）と知《し》らせてくれます。

こんなふうにしてすくすく育《そだ》った天《てん》ちゃんは、一歳《さい》になりました。

みんなと暮《く》らすようになって半年《はんとし》、天《てん》ちゃんは避妊手術《ひにんしゅじゅつ》を受《う》けました。手術《しゅじゅつ》のために、病院《びょういん》で二泊《ふたはく》しました。家族《かぞく》と離《はな》れ、ひとりぼっちですごした二日間《ふつかかん》が、よほどさみしかったのか、戻《もど》ってきた天《てん》ちゃんの鼻《はな》の皮《かわ》がすりむけていました。さみしさのあまり、ケージから出《で》たくて出《で》たくて鼻《はな》をこすりつけていたのです。そんな天《てん》ちゃんを、家族《かぞく》みんなが抱《だ》きしめてあげました。

天《てん》ちゃんは〝犬一倍《いぬいちばい》〟の、さみしがり屋《や》です。ひとりでお留守番《るすばん》の時《とき》にはいつもガムをもらいます。でも、食《た》べていません。みんなが帰《かえ》ってきて、お帰《かえ》りのあいさつが一通《ひととお》り済《す》んでから、おもむろに食《た》べ始《はじ》めるのです。

そんな時《とき》、お母《かあ》さんは思《おも》います。

（将基《まさき》もこんなふうに、さみしい思《おも》いをずっとしてきたんだなぁ。ごめんね…）

キヨくんには重《おも》い知的障害《ちてきしょうがい》もあります。言葉《ことば》もほとんど話《はな》せません。おふろに入《はい》ったり、着替《きが》えたりといったことも、自分《じぶん》ではできません。大《おお》きな赤《あか》ちゃんみたいなキヨくんですから、将基《まさき》くんは、友《とも》だちの兄弟《きょうだい》の話《はなし》を聞《き》くだけで、ひどく落《お》ち込《こ》んでしまいます。

「兄弟《きょうだい》ゲンカした話《はなし》を聞《き》くのもつらいよぉ。ボクにはせっかく兄弟《きょうだい》がいてるのに、兄弟《きょうだい》ゲンカもしたことがないねんで」

「兄弟《きょうだい》ゲンカなんて、そんないいもんと違《ちが》うで」

「お母《かあ》さんはしたことがあるから、そんなふうに言《い》えるんや！　兄弟《きょうだい》ゲンカがしてみたいよぉ」

将基《まさき》くんはそんな時《とき》、天《てん》ちゃんを抱《だ》きよせて泣《な》きじゃくります。

「くそー！　なんでキヨの病気《びょうき》、治《なお》らへんねん。病気《びょうき》じゃない弟《おとうと》がほしかった。

犬《いぬ》も人《ひと》もひとりぼっちじゃ、さみしいよね

くそー、なんでキヨの病気《びょうき》、治《なお》らへんねん。ううっ…」

天《てん》ちゃんは、ただじっと将基《まさき》くんの話《はなし》を聞《き》いて、将基《まさき》くんのほほを伝《つた》う涙《なみだ》をペロっとなめます。天《てん》ちゃんは、涙《なみだ》といっしょに、将基《まさき》くんの悲《かな》しい気持《きも》ちも飲《の》み込《こ》んでくれているようでした。

将基《まさき》くんは、「兄弟《きょうだい》ゲンカがしたい」と言《い》っていましたが、実《じつ》は、ちゃんと、していました。

「キヨ！　またぼくの大事《だいじ》なものにイタズラしたな」

キヨくんに落書《らくが》きされた将基《まさき》くんは、怒《いか》りをおさえきれずに、キヨくんの頭《あたま》をポカリとたたきました。

「アーン、アーン」

キヨくんが泣《な》き始《はじ》めました。すると天《てん》ちゃんが、

（もうこれで許《ゆる》してやって）

という目《め》をして、将基《まさき》くんとキヨくんの間《あいだ》に割《わ》って入《はい》りました。将基《まさき》くんも天《てん》ちゃんのそんな目《め》を見《み》ると、もうそれ以上《いじょう》は怒《おこ》れません。なのに、たたかれたキヨくんは手《て》をにぎりしめて振《ふ》り上《あ》げました。

「キヨ、せっかく許《ゆる》してやったのに、その手《て》はなんや！　たたき返《かえ》す気《き》か。するんやったらしてみろ！」

将基《まさき》くんはまた怒《おこ》りだしてしまいました。

キヨくんは少《すこ》したってから、振《ふ》り上《あ》げた手《て》を天《てん》ちゃんに向《む》け、ポンポンと天《てん》ちゃんをたたいたのです。

天《てん》ちゃんはビックリ顔《がお》になってしまいました。

（せっかく守《まも》ってあげたのに、なんでたたくのよ！）

天《てん》ちゃんは、そんな表情《ひょうじょう》です。

将基《まさき》くんはそれを見《み》て、吹《ふ》きだしてしまいました。笑《わら》い転《ころ》げながら、

「あはは、天《てん》の顔《かお》！　鳩《はと》が豆鉄砲《まめでっぽう》くらったみたいや！　あははは」

そして、天《てん》ちゃんは将基《まさき》くんになでてもらいました。お兄《にい》ちゃんの笑《わら》い声《ごえ》で、キヨくんも笑《わら》い顔《がお》になりました。

こんなふうに、キヨくん、将基《まさき》くん、天《てん》ちゃんの〝三人《にん》〟の兄弟《きょうだい》ゲンカが時々《ときどき》、起《お》きていたのです。

夏《なつ》バテする天《てん》ちゃん

天《てん》ちゃんは、夏《なつ》も涼《すず》しい家《いえ》の中《なか》ですごすために、少《すこ》し太《ふと》りぎみでした。ゴールデンレトリバーは腰《こし》が弱《よわ》いことが多《おお》く、太《ふと》っていては、腰《こし》への負担《ふたん》が大《おお》きくなります。ですから、やせているくらいがちょうどいいのです。

お母《かあ》さんは、自分自身《じぶんじしん》のダイエットのためにも、天《てん》ちゃんのダイエットのためにも、毎日《まいにち》の散歩《さんぽ》は必要《ひつよう》でした。なのに、暑《あつ》くなってくると、天《てん》ちゃんは歩《ある》かなくなりました。

キヨくんの家《いえ》は山《やま》の上《うえ》のほうにあり、坂《さか》のきついところでした。行《い》きは下《くだ》りなのでラクチンなのですが、帰《かえ》りはきつい上《のぼ》り坂《ざか》です。

「天《てん》ちゃん、お散歩《さんぽ》行《い》こうか」

声《こえ》をかけると、大《おお》よろこびでお母《かあ》さんにまとわりつき、リードをつけてやると、ちゃんとお母《かあ》さんの横《よこ》を足《あし》どり軽《かる》く歩《ある》き始《はじ》めます。どんどん坂《さか》を下《くだ》って、いつものコースで池《いけ》の周《まわ》りをグルッと回《まわ》るまでは絶好調《ぜっこうちょう》でした。

「さあ、がんばって上《のぼ》ろうね」

いよいよ、帰《かえ》りの坂道《さかみち》です。

天《てん》ちゃんの顔《かお》が心《こころ》なしか、くもり始《はじ》めます。

（あー、坂道《さかみち》を上《のぼ》るのって、いやだなぁ。あー、暑《あつ》いあつい。もう、しんどいよぉ）

天《てん》ちゃんは一気《いっき》にスピードダウン。ゆっくりでも前《まえ》に進《すす》んでくれればいいのですが、そのうちに止《と》まってしまうのです。お母《かあ》さんは、早《はや》く帰《かえ》って家事《かじ》をしなくてはなりませんから、あせってしまいます。

「天《てん》！　早《はや》く！」

天《てん》ちゃんを引《ひ》っぱるようにして歩《ある》かなければなりません。道《みち》ゆく人《ひと》に、

「こんにちは、お散歩《さんぽ》いいねぇ。あれっ、ワンちゃんお疲《つか》れ？」

と、声《こえ》をかけられるのは、まだいいのですが、

「あれあれ、ワンちゃんと人《ひと》と、どっちが散歩《さんぽ》に連《つ》れて来《き》てもらってるのかなぁ」

なんて言《い》われると、つらいものがありました。

「フー、フー、天《てん》ちゃん歩《ある》いてよ。重《おも》たいよぉー」

楽《たの》しい散歩《さんぽ》が、苦《くる》しい地獄《じごく》の特訓《とっくん》のような状態《じょうたい》になってしまいました。

「お父《とう》さん、暑《あつ》い日《ひ》は、もう天《てん》ちゃんと散歩《さんぽ》するのはイヤやわ」

「ふーん、天《てん》ちゃん歩《ある》かへんの」

「お父《とう》さん、バトンタッチやからね」

「散歩《さんぽ》はせえへんけど、ボール遊《あそ》びして走《はし》らせるようにするわ」

それからは、暑《あつ》くなってくるとお父《とう》さんが、天《てん》ちゃんをボール遊《あそ》びで運動《うんどう》させてくれるようになりました。

ハッハッ、ハッハッ。

お母《かあ》さんとの散歩《さんぽ》の時《とき》と違《ちが》い、天《てん》ちゃんは息《いき》をはずませて帰《かえ》ってきます。でもそれは、まだアスファルトの熱《あつ》くない時間《じかん》に限《かぎ》ってのことでした。

お日《ひ》さまが高《たか》くのぼり、暑《あつ》くなってしまうと、天《てん》ちゃんはやっぱり動《うご》けなくなってしまいます。ボールをお父《とう》さんが、ポーンと放《ほう》り投《な》げます。でも、天《てん》ちゃんは走《はし》りも、歩《ある》きもしません。

「もう、天《てん》ちゃん、走《はし》れよぉ」

しかたなく、トボトボ、ぶつぶつ言《い》いながら、投《な》げた本人《ほんにん》がボールを拾《ひろ》いに行《い》くハメになってしまいます。そんなお父《とう》さんを横目《よこめ》に、日陰《ひかげ》でへばっている天《てん》ちゃんです。

お母《かあ》さんは、天《てん》ちゃんのダイエットを、ドッグフードを替《か》えることで解決《かいけつ》しました。カロリーの低《ひく》いものに替《か》えたのです。ところで、お母《かあ》さんのダイエットは成功《せいこう》したかって？ それは聞《き》かないであげましょう。

初《はじ》めての家族《かぞく》旅行《りょこう》

キヨくんの初《はじ》めての泊《と》まりがけの家族旅行《かぞくりょこう》は、五歳《さい》の夏《なつ》でした。行《い》き先《さき》は、和歌山《わかやま》の串本《くしもと》。紀伊半島《きいはんとう》の先《さき》っぽです。もちろん、天《てん》ちゃんもいっしょです。串本《くしもと》の海水浴場《かいすいよくじょう》は、なんといっても「犬《いぬ》も海《うみ》に入《はい》ってもいい所《ところ》」でした。どこへ行《い》こうかと、家族会議《かぞくかいぎ》を開《ひら》いたとき、最初《さいしょ》の条件《じょうけん》が「天《てん》ちゃんといっしょに泳《およ》げる所《ところ》」でした。

天《てん》ちゃんの初《はじ》めての海水浴《かいすいよく》。はたして、どうなることでしょうか。

みんな、はだしで冷《つめ》たくて気持《きも》ちいいね

串本《くしもと》は思《おも》っていたよりも遠《とお》く、車《くるま》に酔《よ》ってしまう天《てん》ちゃんは、何度《なんど》も吐《は》いてヘトヘトになりました。念《ねん》のため車酔《くるまよ》いの薬《くすり》は飲《の》んでいたのですが、こんなに長《なが》く車《くるま》に乗《の》ったのは初《はじ》めてでした。

「こんな状態《じょうたい》で、天《てん》ちゃん、ちゃんと泳《およ》げるやろか？」

将基《まさき》くんが心配《しんぱい》しました。

ようやく海水浴場《かいすいよくじょう》につきました。外《そと》は夏《なつ》の日差《ひざ》しです。でも波打《なみう》ちぎわは、心地《ここち》よい涼《すず》しさです。車《くるま》から降《お》りた天《てん》ちゃんは、心《こころ》もとない足《あし》どりでしたが、しばらくすると、いつもの元《げん》気《き》な天《てん》ちゃんになりました。

海水浴場《かいすいよくじょう》の目《め》の前《まえ》にある民宿《みんしゅく》が、今夜《こんや》の宿《やど》です。残念《ざんねん》ながら、天《てん》ちゃんは中《なか》に入《はい》られませんでした。民宿《みんしゅく》の玄関先《げんかんさき》が、天《てん》ちゃんの寝《ね》る場所《ばしょ》になりました。ふだん、首輪《くびわ》は散歩《さんぽ》の時《とき》だけの天《てん》ちゃんです。夜《よる》、さみしくて引《ひ》っぱったりすると、首《くび》が痛《いた》くなるかもしれないからと、胴輪《どうわ》を買《か》ってきていました。

この夜《よる》、天《てん》ちゃんは生《う》まれて初《はじ》めての野宿《のじゅく》なのです。

(クウーン、みんなどこに行《い》っちゃうの？　私《わたし》のことおいていかないで)

天《てん》ちゃんは消《き》え入《い》りそうな声《こえ》をあげました。

「ごめんね。すぐ近《ちか》くにみんないるから、安心《あんしん》していいんだよ。おとなしくしているねんよ。おやすみ」

そっと振《ふ》り返《かえ》ると、天《てん》ちゃんはまだジーッと見《み》つめていました。天《てん》ちゃんの瞳《ひとみ》が不安《ふあん》げで、体《からだ》はいつもより一回《ひとまわ》り小《ちい》さく見《み》えました。

みんなも、ほんとうは天《てん》ちゃんを部屋《へや》に入《い》れて、いつものようにいっしょに寝《ね》ることができたらと思《おも》っています。部屋《へや》につくと、

「天《てん》ちゃんは介助犬《かいじょけん》にならへんのかなあ。介助犬《かいじょけん》やったら、天《てん》ちゃんをいっしょに連《つ》れて行《い》けるところが増《ふ》えるのに」

と、お父《とう》さんが言《い》いました。

「だけど、そら無理《むり》やわ。天《てん》ちゃんはなんの試験《しけん》も受《う》けてないし、受《う》けたって落《お》ちちゃうでしょ」

「こんなにかしこいのに…。セラピードッグやっていったらどうやろ？」

「セラピードッグでも、連《つ》れて行《い》けるところは、そんなに増《ふ》えないと思《おも》うよ。老人《ろうじん》ホームとか、施設《しせつ》くらいちゃう？　盲導犬《もうどうけん》や介助犬《かいじょけん》だって、公的《こうてき》な場所《ばしょ》は

受《う》け入《い》れてもらえるようになってきているけど、一般《いっぱん》のお店《みせ》となるとまだまだ大変《たいへん》らしいし…。それ以前《いぜん》に、天《てん》ちゃんはセラピードッグの訓練《くんれん》も試験《しけん》も受《う》けてないやん」

「そうやな。でも、天《てん》ちゃんは立派《りっぱ》なセラピードッグやろ」

「うん、たしかにそうや。わが家《や》の大事《だいじ》なセラピードッグやわ」

お父《とう》さんとお母《かあ》さんの意見《いけん》はまとまりましたが、かといって、今夜《こんや》の天《てん》ちゃんを、どうすることもできませんでした。みんなは、玄関先《げんかんさき》の天《てん》ちゃんのことを心配《しんぱい》しながら、床《とこ》につきました。

でもね、「セラピー」って何《なん》でしょう。日本語《にほんご》にすると「治療《ちりょう》」ですが…。

もし猫《ねこ》を飼《か》っていて、ひざの上《うえ》の猫《ねこ》のぬくもりが心地《ここち》よいと感《かん》じたら、その猫《ねこ》はセラピーキャット。もしウサギを飼《か》っていて、手《て》からエサを食《た》べてくれたことをうれしく思《おも》ったなら、そのウサギはセラピーラビット。ぼんやりと魚《さかな》やカメを見《み》ているだけで元気《げんき》がでてきたら、セラピーフィッシュであり、セラピータートルなのです。

むずかしい試験《しけん》を受《う》けなくても、合格《ごうかく》していなくても、天《てん》ちゃんがキヨくんのセラピードッグであるように。

人《ひと》の心《こころ》が安《やす》らぎを求《もと》めるとき、その人《ひと》の求《もと》めた動物《どうぶつ》がセラピーアニマルになるのです。〝心《こころ》と心《こころ》が通《かよ》い合《あ》う〟、それがセラピーなんだと、お母《かあ》さんは思《おも》いました。

翌朝《よくあさ》――。

寝《ね》ボスケの将基《まさき》くんが、疲《つか》れているはずなのに、いつもより早《はや》く起《お》きました。

天《てん》ちゃんが、あまりにもかわいすぎるので、だれかに連《つ》れ去《さ》られているんじゃないかと、心配《しんぱい》で心配《しんぱい》でおちおち寝《ね》ていられなかったのです。

起《お》きるとすぐに玄関《げんかん》に走《はし》り、天《てん》ちゃんの姿《すがた》を確認《かくにん》しました。

「おった！　おったで！」

天《てん》ちゃんの無事《ぶじ》な様子《ようす》を見《み》て、とても安心《あんしん》した顔《かお》で部屋《へや》にかけ戻《もど》ってきました。

キヨくんと天《てん》ちゃんは、初《はじ》めての海水浴《かいすいよく》です。

潮風《しおかぜ》が心地《ここち》よく吹《ふ》いていています。砂浜《すなはま》に落《お》ちていた空《あ》き缶《かん》をくわえています。天《てん》ちゃんは、天《てん》ちゃんはゴミ拾《ひろ》いにきたわけではないのですが、海水浴客《かいすいよくきゃく》が捨《す》てていった空《あ》き缶《かん》を見《み》つけて、ボール投《な》げのボール代《が》わりにしてしまったようでした。

「天《てん》！　取ってこい！」

お父《とう》さんが空《あ》き缶《かん》を海《うみ》に向《む》かって投《な》げると、天《てん》ちゃんは大《おお》よろこびで走《はし》りだ

海《うみ》に空《あ》き缶《かん》すてちゃダメだよね、でも楽《たの》しいな

します。打《う》ち寄《よ》せる波《なみ》に向《む》かって走《はし》って行《い》きます。しぶきが上《あ》がり、天《てん》ちゃんの姿《すがた》が波間《なみま》に消《き》えます。そしてすぐに、ぽっこりと天《てん》ちゃんの頭《あたま》が海《うみ》の上《うえ》に現《あらわ》れ、グングン泳《およ》ぎだします。そして、空《あ》き缶《かん》をガブッとくわえると、その場《ば》でU《ユー》ターンして、まっしぐらに戻《もど》って来《き》ます。

「よーし！」

たくさんほめて、たくさんなでてやると、天《てん》ちゃんのやる気《き》がフツフツとわいてきます。

「そらっ！　天《てん》！」

天《てん》ちゃんは、空《あ》き缶《かん》が投《な》げられる前《まえ》から、いきおいよく走《はし》りだしています。

そんな天《てん》ちゃんの姿《すがた》に、海水浴《かいすいよく》のお客《きゃく》さんが、ほほえみました。

「犬《いぬ》なんて、海《うみ》に入《い》れて」

と、しかられでもしたら、せっかくの旅行《りょこう》が台《だい》なしになります。ちゃんと調《しら》べておいてよかったと思《おも》いました。

天《てん》ちゃんは海《うみ》が大好《だいす》きで、泳《およ》ぎもうまいことがわかりました。車酔《くるまよ》いのつらさも、野宿《のじゅく》のさみしさも吹《ふ》き飛《と》んでしまったようです。

ところが、同《おな》じく海水浴《かいすいよく》が初《はじ》めてのキヨくんは、海《うみ》が苦手《にがて》のようでした。打《う》ち寄《よ》せる波《なみ》が、こわかったのです。海《うみ》へはあまり入《はい》らず、砂浜《すなはま》で遊《あそ》びました。

空《あ》き缶《かん》を投《な》げて遊《あそ》んでいる天《てん》ちゃんとみんなを、少《すこ》しうらやましく感《かん》じていました。

楽《たの》しい旅行《りょこう》から無事《ぶじ》、家《いえ》に帰《かえ》って来《き》ました。

まず海《うみ》に浸《つ》かりっぱなしだった天《てん》ちゃんを、シャンプーできれいに洗《あら》いました。天《てん》ちゃんは洗《あら》われている間《あいだ》も、いつも通《どお》りおとなしくしていました。ですから、お父《とう》さんもお母《かあ》さんも、天《てん》ちゃんの体《からだ》の変化《へんか》に、まったく気《き》がつきませんでした。

将基《まさき》くんが天《てん》ちゃんと遊《あそ》んでいて、ようやく気《き》づきました。

「お母《かあ》さん、天《てん》ちゃんが大変《たいへん》や！　すごいケガしてる」

「えっ、どこ？」

「天《てん》ちゃんの脇《わき》のところ、前足《まえあし》の脇《わき》のところ！」

「わっ、ほんまや！　えらいケガになってる。痛《いた》そうやねぇ。天《てん》ちゃん何《なん》でこんなとこケガしてるん？」

「あっ、胴輪《どうわ》や！　胴輪《どうわ》の当《あ》たってたところや」

「ほんまや。海水《かいすい》にぬれてしめ付《つ》けられていたんやね。かわいそうに。痛《いた》かったやろうに」

天《てん》ちゃんのために買《か》った胴輪《どうわ》が裏目《うらめ》に出《で》てしまいました。

「天《てん》ちゃん、ごめんね…」

お母《かあ》さんと将基《まさき》くんは、天《てん》ちゃんにあやまりました。

それにしても、どうしてこんなに、がまん強《づよ》いのでしょうか。

一般《いっぱん》に犬《いぬ》は、とても忍耐強《にんたいづよ》いといわれています。事実《じじつ》、天《てん》ちゃんはとてもがまん強《づよ》いのです。

たとえば足《あし》を踏《ふ》んづけてしまっても、あわてて引《ひ》いたりしません。クゥーンと、声《こえ》をもらすだけです。じっとして、がまんします。

みんながご飯《はん》を食《た》べ始《はじ》めると、天《てん》ちゃんはテーブルの下《した》に来《き》てゴロンと寝《ね》ころびます。イスに座《すわ》ったままテーブルに体《からだ》を近《ちか》づける時《とき》、天《てん》ちゃんの毛《け》をイスの足《あし》で引《ひ》っぱってしまうことが何度《なんど》もあります。毛《け》が引《ひ》っぱられて痛《いた》いはずです。うっかり、天《てん》ちゃんの足《あし》さえ踏《ふ》みそうになります。

みんなは、天《てん》ちゃんにイスから離《はな》れてほしいのですが、天《てん》ちゃんは、そうした危険《きけん》があることを承知《しょうち》で、いつだってテーブルの下《した》に来《き》てしまいます。

天《てん》ちゃんは痛《いた》みよりも、みんなといっしょにいられることのほうが、うれしいのかもしれません。だから、将基《まさき》くんが天《てん》ちゃんに足《あし》を乗《の》せても、いやがることはありません。

その反対《はんたい》に、天《てん》ちゃんがみんなの足《あし》に、体《からだ》を乗《の》っけてしまうこともあります。とにかく、体《からだ》と体《からだ》がふれていたいのかもしれません。痛《いた》い思《おも》いをすることを覚《かく》悟《ご》してでも、そばにいたいようです。

天《てん》ちゃんは船頭《せんどう》さん

串本《くしもと》の海水浴《かいすいよく》に行《い》ってから、一年《ねん》がたちました。

また夏休《なつやす》みがやってきました。キヨくんはこの年《とし》、幼稚園《ようちえん》でお友《とも》だちとプールに入《はい》りました。はじめは水《みず》をこわがっていましたが、いざプールの中《なか》へ入《はい》ってしまえば、楽《たの》しくてしかたがないキヨくんでした。プールの中《なか》を歩《ある》きまわりました。お友《とも》だちが、ブアッと水《みず》の中《なか》から顔《かお》を出《だ》すと大笑《おおわら》い。水《みず》とプールが大《だい》好《す》きになっていました。

そんな時《とき》、今年《ことし》の夏《なつ》はどこへ旅行《りょこう》に行《い》こうかと、話《はなし》があがりました。

「串本《くしもと》！」

と、将基《まさき》くん。天《てん》ちゃんも、しっぽを振《ふ》って（串本《くしもと》！）と言《い》っているようです。

お父《とう》さんもお母《かあ》さんも異議《いぎ》なしです。ということで、今年《ことし》もまた、串本《くしもと》の海《かい》水浴場《すいよくじょう》へ行《い》くことになりました。

水《みず》をこわがらなくなったキヨくんは、今年《ことし》は砂遊《すなあそ》びだけでなく、海《うみ》に入《はい》って、浮《う》き輪《わ》で遊《あそ》べます。キヨくんもニコニコして、楽《たの》しみにしていました。

そして、ついにやってきたその日《ひ》、串本《くしもと》までのドライブも、昨年《さくねん》よりスムーズでした。民宿《みんしゅく》に泊《と》まって、翌日《よくじつ》、目《め》の前《まえ》の海水浴場《かいすいよくじょう》へ、みんなで向《む》かいました。

キヨくんは、自分《じぶん》で浮《う》き輪《わ》を持《も》って浮《う》かぶことが、まだできませんでした。ですから、お母《かあ》さんはキヨくんを座《すわ》らせて浮《う》かべさせられる宇宙船《うちゅうせん》スペースシャトルのような浮《う》き輪《わ》を用意《ようい》しました。

サブン、ザブン。

波《なみ》が打《う》ち寄《よ》せます。お母《かあ》さんはキヨくんを乗《の》せた浮《う》き輪《わ》のロープを引《ひ》いて、どんどん海《うみ》の中《なか》へ入《はい》って行《い》きました。

天《てん》ちゃんも大《おお》はしゃぎですが、お父《とう》さんにボール投《な》げをせがむことはありませんでした。なんと、キヨくんにピッタリ寄《よ》りそっているのです。

キヨくんは生《う》まれて初《はじ》めて、海《うみ》の上《うえ》でプカプカ浮《う》きました。でも、自分《じぶん》の手《て》や足《あし》を使《つか》って進《すす》むことはできませんでした。海《うみ》の中《なか》では、ずっとお母《かあ》さんがロープを引《ひ》き、天《てん》ちゃんはずっとキヨくんの横《よこ》に寄《よ》りそうように泳《およ》いでいました。

ふと、お母《かあ》さんがロープを手放《てばな》すと、天《てん》ちゃんがスルスルッと近《ちか》づいてきました。

「あっ、天《てん》ちゃんが浮《う》き輪《わ》のロープくわえた！　どうすんのやろ？」

天《てん》ちゃんはキヨくんの浮《う》き輪《わ》のロープをくわえて、犬《いぬ》かきで引《ひ》っぱり始《はじ》めました。

得意《とくい》の犬《いぬ》かきで、よいしょっと

「ハハハッ、天《てん》ちゃん、うまい、うまい！」

「キヨくんもうれしそうやで」

お母《かあ》さんと将基《まさき》くんが、大《おお》きな声《こえ》で歓声《かんせい》をあげました。

天《てん》ちゃんがまるで、

（キヨくんのことは、わたしにまかせて）

と言《い》っているように見《み》えました。

「見《み》て見《み》て！　あれ、かわいい」

知《し》らない人《ひと》にも声《こえ》をかけられて、天《てん》ちゃんは得意満面《とくいまんめん》で泳《およ》いでいます。

天《てん》ちゃんは、ボール拾《ひろ》いよりも、キヨくんの浮《う》き輪《わ》を引《ひ》っぱるほうが楽《たの》しそうでした。ボール投《な》げ専門《せんもん》のお父《とう》さんは、ちょっぴりさみしそうでした。

天《てん》ちゃんは、キヨくんたちが浜辺《はまべ》で休《やす》んでいると、

（また海《うみ》に入《はい》ろうよ）

と、誘《さそ》いに来《き》ました。そしてキヨくんがお母《かあ》さんに海《うみ》に入《い》れてもらうと、すぐさまロープをくわえ、

（キヨくん、行《い》くわよ！）

と沖《おき》へと向《む》かいました。天《てん》ちゃんは泳《およ》ぎながら体《からだ》をブルブルさせ、頭《あたま》や耳《みみ》についた海水《かいすい》をはじき飛《と》ばす技《わざ》もあみだしました。

「あーあー、キヨくん、水《みず》かけられたあ」

お母《かあ》さんも将基《まさき》くんも笑《わら》っています。キヨくんは顔《かお》に水《みず》がかかるのが、まだ

まだ苦手《にがて》です。何度《なんど》もなんども、しょっぱい海水《かいすい》が顔《かお》にかかったのですが、泣《な》くことはありませんでした。いやなことでも、楽《たの》しいことの前《まえ》では何《なん》でもないようです。海水《かいすい》が顔《かお》にかかるたびに、手《て》で顔《かお》をぬぐい、天《てん》ちゃんといっしょの〝海《うみ》の散歩《さんぽ》〟を、心《こころ》から楽《たの》しんでいました。

水《みず》に浮《う》いたものを引《ひ》っぱったり、運《はこ》んだりするのはレトリバーの習性《しゅうせい》だと、お母《かあ》さんは思《おも》いました。それならば、天《てん》ちゃんはキヨくん以外《いがい》でも、引《ひ》っぱってくれるだろうと考《かんが》え、浮《う》き輪《わ》を持《も》って、海《うみ》に入《はい》りました。

お母《かあ》さんが、沖《おき》でさけびます。

「天《てん》ちゃぁ〜ん」

（……）

天《てん》ちゃんは、知《し》らん顔《かお》です。

お母《かあ》さんはもう一度《いちど》さけびました。

「天《てん》ちゃぁ〜ん」

けれども、またもや知《し》らん顔《かお》。お母《かあ》さんは、なんと最後《さいご》に、おぼれる演技《えんぎ》までしました。

「天《てん》ちゃぁ〜ん、助《たす》けてぇ」

天《てん》ちゃんは、砂浜《すなはま》でのんびりして、キヨくんを見《み》ています。

海水浴《かいすいよく》のお客《きゃく》さんの白《しろ》い目《め》がいっせいに、浮《う》き輪《わ》をかかえておぼれる演技《えんぎ》をするお母《かあ》さんに集《あつ》まりました。お母《かあ》さんがはずかしそうに、スゴスゴと海《うみ》から引《ひ》き上《あ》げたのはいうまでもありません。

天《てん》ちゃんは、最後《さいご》までキヨくんしか引《ひ》っぱりませんでした。


キヨくんと天《てん》ちゃんは、ある意味《いみ》で、名《めい》コンビです。天《てん》ちゃんのおかげで、キヨくんがいつも頭《あたま》にしている〈ヘッドギア〉も、奇異《きい》な目《め》で見《み》られることが少《すく》なくなりました。

キヨくんはしっかり歩《ある》けないので転《ころ》びやすく、とつぜんの発作《ほっさ》で転倒《てんとう》する危《き》険《けん》もあって、いつも〈ヘッドギア〉をかぶっています。

ヘッドギアってどんなものか、わかりますか？

ラグビーの選手《せんしゅ》たちがかぶっている帽子《ぼうし》と同《おな》じようなものです。違《ちが》うのは、ラグビーの選手《せんしゅ》たちは練習《れんしゅう》や試合《しあい》の時《とき》だけかぶればいいのですが、キヨくんはおふろとご飯《はん》を食《た》べる時《とき》、眠《ねむ》る時《とき》以外《いがい》はずっとかぶっていることです。

街《まち》の中《なか》で、ヘッドギアをかぶっている人《ひと》を見《み》かけたことがありますか？ たぶん、見《み》かけることはあまりないと思《おも》います。人《ひと》と違《ちが》うところを見《み》てしまうと、ついつい見《み》つめてしまいませんか？ ツエやお年寄《としよ》りはあまり気《き》にかからなくても、車《くるま》イスや違《ちが》う国《くに》の人《ひと》はどうですか？

（あの変《か》わった帽子《ぼうし》はいったいなんだろう？ なんであの子《こ》はあんな帽子《ぼうし》をか

ぶっているんだろう？）

みんながみんな悪気《わるぎ》があって見《み》ていることはないと思《おも》いますが、キヨくんを目《め》にした人《ひと》は、視線《しせん》が釘《くぎ》づけになります。悲《かな》しいことですが、好奇心《こうきしん》を丸出《まるだ》しで、時《とき》には眉《まゆ》をひそめながら、キヨくんをジロジロ見《み》る人《ひと》もいます。

でも、天《てん》ちゃんを見《み》ている人《ひと》の目《め》は、とても優《やさ》しくうつります。天《てん》ちゃんがそばにいてくれると、キヨくんのヘッドギアも、かすんでしまうようです。キヨくんにふりそそぐ視線《しせん》も、冷《つめ》たいものから、あたたかいものへと変《か》わってきました。

浮《う》き輪《わ》のキヨくんを引《ひ》っぱる天《てん》ちゃんの姿《すがた》に、みんなが「かわいい」と言《い》ってくれました。それは、道《みち》で天《てん》ちゃんとキヨくんが歩《ある》いている時《とき》も、同《おな》じだったのです。

天《てん》ちゃんとキヨくんは名《めい》コンビ、いつもいっしょだよ

キヨくん、小学生《しょうがくせい》になる

キヨくんは幼稚園《ようちえん》を卒園《そつえん》し、小学生《しょうがくせい》になりました。

お兄《にい》ちゃんの将基《まさき》くんの通《かよ》う小学校《しょうがっこう》の、障害児学級《しょうがいじがっきゅう》へ入学《にゅうがく》しました。

入学《にゅうがく》して、しばらくたった時《とき》のことです。

息《いき》を切《き》らした将基《まさき》くんが家《いえ》にかけ込《こ》み、とびらを乱暴《らんぼう》にバタンと閉《し》めました。

将基《まさき》くんの目《め》には、涙《なみだ》がいっぱいたまっていました。

「くやしい…。ボクはボクなのに…」

学校《がっこう》で上級生《じょうきゅうせい》に、からかわれたのです。将基《まさき》くんがキヨくんの兄《あに》という理《り》由《ゆう》でした。

「そう…。そんなことがあったん。けど、負《ま》けたらあかん」

と、お母《かあ》さんは言《い》いました。そして、将基《まさき》くんを抱《だ》きしめました。

「くやしいよぉ。くそっ、泣《な》けてくる。ボクがこんな思《おも》いをしてるのに、キヨは知《し》らん顔《かお》や」

将基《まさき》くんは、心配《しんぱい》そうにのぞき込《こ》んでいる天《てん》ちゃんに顔《かお》をうずめて、泣《な》きだしてしまいました。

「なんでキヨは病気《びょうき》やねん。なんでキヨの病気《びょうき》、治《なお》らへんねん。うっうっ」

天《てん》ちゃんの体《からだ》が、将基《まさき》くんのくやし涙《なみだ》でぬれていきます。

「くやしさのわからないキヨがうらやましくなる…」

お母《かあ》さんは将基《まさき》くんの背中《せなか》を、そっとさすりながら、話《はな》しかけました。

「うーん、キヨくんには、〝くやしさ〟はむずかしいやろうからねぇ。神《かみ》さまは感動《かんどう》とか、愛情《あいじょう》とかいう気持《きも》ちをキヨくんから取《と》り上《あ》げたかわりに、くやしさや、にくしみの感情《かんじょう》もわからないようにしてくれたんかなぁ」

天《てん》ちゃんにうもれて泣《な》き続《つづ》ける将基《まさき》くん。涙《なみだ》はボロボロとあふれてきます。将基《まさき》くんの涙《なみだ》をなめている天《てん》ちゃんを見《み》ていると、お母《かあ》さんもいつしか涙《なみだ》ぐんでいました。

キヨくんは発作《ほっさ》があった日《ひ》も、元気《げんき》に小学校《しょうがっこう》へ通《かよ》いました。そしてキヨくんにも、友《とも》だちがたくさんできました。

でも、キヨくんはみんなと同《おな》じ給食《きゅうしょく》は食《た》べられません。食事療法《しょくじりょうほう》を続《つづ》けているので、キヨくんはいつも、お母《かあ》さんが作《つく》ってくれたお弁当《べんとう》を食《た》べます。

「キヨの友《とも》だちはみんな優《やさ》しいねんで」

将基《まさき》くんが、ある日《ひ》、お母《かあ》さんに話《はな》しかけました。

「キヨは治療《ちりょう》のために、ほとんどが〝油《あぶら》のご飯《はん》〟を食《た》べているでしょ。だから、口《くち》がくさいやん。独特《どくとく》なにおいがするやん。でも、みんなそんなこと気《き》にしな

友《とも》だちはやさしいね（幼稚園《ようちえん》の年長組《ねんちょうぐみ》の運動会《うんどうかい》で）

いで、キヨと仲《なか》よくしてくれているんやで」

「そう。ありがたいねぇ」

そんな話《はなし》をしてくれる将基《まさき》くんの目《め》も、とっても優《やさ》しくなっています。

「キヨは、みんなの優《やさ》しい気持《きも》ち、感《かん》じてるんかな」

「そうやねぇ。きっと心《こころ》のどこかで感《かん》じてるんとちがうかなあ」

「うん、そうやなぁ。そうやとええなあ」

将基《まさき》くんは元気《げんき》に返事《へんじ》をすると、

天《てん》ちゃんと遊《あそ》び始《はじ》めました。天《てん》ちゃんも、きょうはとくにうれしそうです。

お母《かあ》さんはキヨくんの友《とも》だちに、一週間《しゅうかん》に一度《ど》くらいの割合《わりあい》で、家《いえ》に遊《あそ》びに来《き》てもらうようにしました。お友《とも》だちは、キヨくんがどんなふうにクラスのみんなと遊《あそ》んでいるかなど、学校《がっこう》での様子《ようす》をお母《かあ》さんに一生《いっしょう》けん命《めい》、話《はな》してくれました。友《とも》だちの前《まえ》だと、家庭《かてい》では見《み》たことのないキヨくんの笑顔《えがお》も見《み》ることができます。

また反対《はんたい》に、キヨくんが学校《がっこう》とちがう一面《いちめん》を見《み》せるのが、友《とも》だちもうれしかったり、おもしろかったりするようです。

友《とも》だちは天《てん》ちゃんとも、すぐに仲《なか》よくなりました。天《てん》ちゃんと遊《あそ》ぶのも、楽《たの》しみのひとつになったようでした。

「天《てん》ちゃん、こんにちは」

ソファーでいちばんお気《き》に入《い》りのポーズの天《てん》ちゃん

キヨくんの小《ちい》さな友《とも》だちが遊《あそ》びに来《き》てくれると、天《てん》ちゃんはしっぽを振《ふ》って大歓迎《だいかんげい》しました。

（クンクン、このお友《とも》だちは、初《はじ》めてね。よろしくね）

天《てん》ちゃんはクンクン、クンクンとにおいをかいで、友《とも》だちにあいさつをしているようです。ボール遊《あそ》びをしてもらったり、なでてもらって、とてもうれしそうです。

でも、子《こ》どもたちの中《なか》には、天《てん》ちゃんの大《おお》きさがこわくてしかたなかったり、天《てん》ちゃんに近寄《ちかよ》りたくても、犬《いぬ》アレルギーで体《からだ》が受《う》けつけない子《こ》もいました。そんな時《とき》の天《てん》ちゃんは、家《いえ》の中《なか》であっても、リードでつながれてしまいます。天《てん》ちゃんはうらめしそうにソファーの上《うえ》に寝《ね》そべって、みんなが遊《あそ》んでいるのを横目《よこめ》で見《み》ています。

（あー、わたしも遊《あそ》びたいのに…。遊《あそ》びたいなぁ）

悲《かな》しいお知《し》らせ

プルルーン、プルルーン。

ある日《ひ》の夜《よる》、電話《でんわ》がかかってきました。

「はい、林《はやし》です」

「夜分《やぶん》すみません。悲《かな》しいお知《し》らせなんですが、○○ちゃんがね、先《さき》ほど亡《な》くなったの」

「えっ、◯◯ちゃん？　まだ二歳《さい》になったばかりだよね」

「そう、『SME《エスエムイー》の親《おや》の会《かい》』に入会《にゅうかい》されたばかりの◯◯ちゃんなの。やっと、この病気《びょうき》と前向《まえむ》きに闘《たたか》う気持《きも》ちができてきたって、お母《かあ》さんも言《い》われていたのに…」

「そう、知《し》らせてくれてありがとう」


キヨくんには、病気《びょうき》と闘《たたか》っている同《おな》じ年頃《としごろ》の友《とも》だちがたくさんいます。そして、悲《かな》しいお知《し》らせはいつもこんなふうに、とつぜんやってきます。

「天《てん》ちゃん、なんで、こんなに小《ち》いさな命《いのち》がなくなるんだろう。もっと、もっと生《い》きていてほしいのに、なんで病気《びょうき》はなくならないんだろう。たくさん、たくさん楽《たの》しい思《おも》い出《で》をつくれたかなぁ。苦《くる》しい思《おも》いを、みんないっぱいしてきてるんだから…、楽《たの》しい時間《じかん》もいっぱいあってほしい」

お母《かあ》さんは天《てん》ちゃんをなでながら、そんなことをつぶやきました。

天《てん》ちゃんは、

（きっと、そうよ）

と、お母《かあ》さんの胸《むね》に顔《かお》を押《お》しつけてきました。

「そうだよね。きっと」

お母《かあ》さんは、キヨくんと同《おな》じ病気《びょうき》で亡《な》くなった子《こ》どもたちのことを思《おも》い、心《こころ》のそこからそう願《ねが》いました。

天《てん》ちゃん目《め》ざまし

食事療法《しょくじりょうほう》を始《はじ》めたころから、キヨくんの発作《ほっさ》は、気持《きも》ちよく寝入《ねい》った時《とき》や起《お》きがけに集中《しゅうちゅう》して起《お》こるようになりました。それは夜寝《よるね》る時《とき》も、昼寝《ひるね》の時《とき》も同《おな》じです。お母《かあ》さんはキヨくんの成長《せいちょう》とともに、昼寝《ひるね》の回数《かいすう》と時間《じかん》を減《へ》らしていきました。そしてキヨくんが六歳《さい》になった頃《ころ》には、昼寝《ひるね》の習慣《しゅうかん》はなくなりました。

キヨくんにとっては、ほんの三〇分《ぷん》の昼寝《ひるね》さえ〝危険《きけん》〟でした。寝入《ねい》って五分《ふん》もすると、発作《ほっさ》の危険《きけん》にさらされるのです。

発作《ほっさ》が起《お》きると薬《くすり》を使《つか》わなくてはなりません。薬《くすり》といっても口《くち》から飲《の》むものではなく、おしりから入《い》れる座薬《ざやく》というものです。そうしないと、次《つぎ》の発作《ほっさ》におそわれるからです。次《つぎ》の発作《ほっさ》はより強《つよ》く、より長《なが》いものとなり、さらに次《つぎ》の強《つよ》い発作《ほっさ》へとつながってしまうのです。

ですから発作《ほっさ》が起《お》こったら、朝《あさ》でも昼《ひる》でも、座薬《ざやく》を使《つか》います。でも、薬《くすり》を使《つか》うと、キヨくんは深《ふか》い深《ふか》い眠《ねむ》りに入《はい》ります。

そうなることは、キヨくんの睡眠《すいみん》のリズムが、こわれてしまうということでした。夜《よる》に寝《ね》て、朝《あさ》に起《お》きるということが、むずかしくなってしまうのです。生活《せいかつ》のリズムがくるうと、たとえ目《め》をさましていても、発作《ほっさ》が起《お》きてしまいます。ですから、キヨくんの生活《せいかつ》のリズムを守《まも》るためには、昼間《ひるま》、眠《ねむ》たそうにしていたら、起《お》こさなくてはなりませんでした。

光《ひかり》を見《み》ることで発作《ほっさ》を起《お》こすことが少《すく》なくなってからは、テレビも見《み》られるようになりました。キヨくんの大好《だいす》きな番組《ばんぐみ》を、ビデオテープに録画《ろくが》しておいて〝お目《め》ざめビデオ〟もたくさんできました。キヨくんがウトウトし始《はじ》めると、お目《め》ざめビデオをつけます。音声《おんせい》が聞《き》こえると、トローっとしたキヨくんの目《め》がパッと見開《みひら》き、笑顔《えがお》を見《み》せてくれます。効果《こうか》てきめんです。

でも、キヨくんの眠気《ねむけ》が強《つよ》く、お目《め》ざめビデオでも起《お》きられないような時《とき》には、天《てん》ちゃんの出番《でばん》です。

キヨくん、キヨくん、起《お》きてよ

「天《てん》ちゃん、キヨくんは？」

と、お母《かあ》さんが声《こえ》をかけると、天《てん》ちゃんはキヨくんのそばへ、かけ寄《よ》ります。そしてキヨくんが眠《ねむ》ってしまっているのがわかると、まず、足《あし》の裏《うら》をなめ始《はじ》めます。起《お》きなければ、さらに手《て》をなめます。それでもダメならキヨくんの顔《かお》をペロペロなめます。

（キヨくん、寝《ね》たら発作《ほっさ》になっちゃうよ。起《お》きて！　おきて！）

天《てん》ちゃんはそう言《い》っているようで

す。

キヨくんは、手足《てあし》をばたつかせ、天《てん》ちゃんを手《て》で払《はら》いのけようとしますが、天《てん》ちゃんは、キヨくんの手足《てあし》があたっても、

（キヨくん、早《はや》く起《お》きて！　キヨくん、早《はや》くおきて！）

と、なかなか目《め》のさめないキヨくんの顔《かお》を、さらにペロペロなめます。

「うん？」

キヨくんはやっと目《め》がさめたようです。

「天《てん》ちゃん、ありがとう。キヨくん、発作《ほっさ》にならなくてよかったわ」

お母《かあ》さんは天《てん》ちゃんのことを、たくさんなでて、ほめてあげます。でもほんとうは、天《てん》ちゃんもお母《かあ》さんも、とても切《せつ》ないのです。

「キヨくんが眠《ねむ》りたい時《とき》に、眠《ねむ》りたいだけ寝《ね》かせてあげたい」

天《てん》ちゃんもお母《かあ》さんも、そう思《おも》っていました。

天《てん》ちゃんの夏休《なつやす》み

キヨくんが小学《しょうがく》一年生《ねんせい》になったその年《とし》の夏休《なつやす》み。恒例《こうれい》となった旅行《りょこう》に出《で》かけました。行《い》き先《さき》は淡路島《あわじしま》です。

海《うみ》の上《うえ》にかかる大《おお》きな橋《はし》を渡《わた》り、淡路島《あわじしま》につきました。午前中《ごぜんちゅう》は牧場《ぼくじょう》や遊園地《ゆうえんち》のある公園《こうえん》で遊《あそ》びました。午後《ごご》はお楽《たの》しみの海水浴《かいすいよく》です。

海水浴《かいすいよく》では天《てん》ちゃんが当《あ》たり前《まえ》のようにキヨくんの浮《う》き輪《わ》を引《ひ》いてくれました。もう、みんなまっ黒《くろ》けです。

今回《こんかい》は、〝たも網《あみ》〟も持《も》っていったので、魚取《さかなと》りもしました。

将基《まさき》くんが取《と》れた魚《さかな》を天《てん》ちゃんに見《み》せてやると、パクッと、口《くち》の中《なか》に入《い》れてしまいました。将基《まさき》くんは、あわてて口《くち》を開《あ》けてやり、魚《さかな》を出《だ》しました。

キヨくん、今年《ことし》も海《うみ》に来《こ》られてよかったね

「天《てん》、食《た》べちゃダメ！　見《み》るだけだよ」

そういって将基《まさき》くんは、水中《すいちゅう》メガネで海《うみ》の中《なか》をのぞきながら、たも網《あみ》をじょうずに動《うご》かして、小《ちい》さな魚《さかな》をつかまえました。

「ほら、天《てん》。こんどはこんな魚《さかな》が取《と》れたよ」

（どれどれ、すごいねー。将基《まさき》お兄《にい》ちゃん。パクッ）

「あっ、ダメダメ」

あわてて口《くち》を開《あ》けて、魚《さかな》を海《うみ》に戻《もど》

しました。魚《さかな》はヨロヨロしながら泳《およ》ぎだしました。

お母《かあ》さんがそんなふたりの様子《ようす》を見《み》ています。それにしても、あの魚《さかな》は毒《どく》を持《も》ったトラフグのような模様《もよう》だったなと、お母《かあ》さんは思《おも》いました。

あのまま天《てん》ちゃんが食《た》べてしまったら…、お母《かあ》さんはホッと胸《むね》をなでおろしました。

この年《とし》は、天《てん》ちゃんもいっしょに寝《ね》られるペンションに泊《と》まりました。天《てん》ちゃんが入《はい》られないのは、おふろとトイレだけです。いっしょのおふとんで眠《ねむ》り、ご飯《はん》もいっしょでした。いっしょのおふとんで寝《ね》るのは初《はじ》めてなので、キヨくんを寝《ね》かしつけるジャマをしないか、なめて起《お》こさないか、お母《かあ》さんは心配《しんぱい》しましたが、だいじょうぶでした。将基《まさき》くんとキヨくんの間《あいだ》に入《はい》り、〝川《かわ》の字《じ》〟になって寝《ね》ていました。

ご飯《はん》の時《とき》はいっしょに食堂《しょくどう》へ向《む》かいます。天《てん》ちゃんには、家《いえ》から持《も》ってきたドッグフード。みんなはペンションが用意《ようい》した、ごちそうです。

「天《てん》ちゃんだけいつものご飯《はん》でごめんね」

(はいはい、わかってますって)

天《てん》ちゃんはペロリと平《たい》らげると、いつものようにみんなの足元《あしもと》でゴロンと寝《ね》そべって、食事《しょくじ》が終《お》わるのを待《ま》っています。

ただ、天《てん》ちゃんにも年《ねん》に数回《すうかい》、ごちそうの日《ひ》があります。天《てん》ちゃんの誕生日《たんじょうび》や、お祝《いわ》いの日《ひ》です。天《てん》ちゃんのごちそうはというと、いつものドッグフードを半分《はんぶん》に減《へ》らし、代《か》わりに犬用《いぬよう》のビスケット、ビーフジャーキー、ガムを用意《ようい》し、缶詰《かんづめ》のドッグフードをその上《うえ》にきれいに盛《も》りつけるのです。

「天《てん》、すわれ!　よし」

いつものように食《た》べさせますが、天《てん》ちゃんは、

（わぁー、これ、ホントに食《た》べていいの？）

とチラッとみんなを見回《みまわ》します。

「天《てん》ちゃん、いいよ！　おあがり」

と言《い》うと、あっというまに、ペロリと平《たい》らげます。

（あー、おいしかった。今度《こんど》はいつ食《た》べられるかなぁ）

天《てん》ちゃんはそんなことを思《おも》っているのかもしれません。

発作《ほっさ》はあっても…

小学校《しょうがっこう》に入学《にゅうがく》し、体《からだ》も大《おお》きくなったキヨくん。

乳児《にゅうじ》から幼児《ようじ》へ、そして少年《しょうねん》へと成長《せいちょう》していきました。それにともなって、キヨくんは、また違《ちが》うタイプの発作《ほっさ》を起《お》こすようになっていました。

意識《いしき》レベルが下《さ》がり、ボーッとしてしまうのです。その発作《ほっさ》はいつのまにか始《はじ》まり、発作《ほっさ》の強《つよ》さを変《か》えながら数日《すうじつ》におよぶこともあります。

お母《かあ》さんは、（きょうのキヨくんはなんとなく元気《げんき》がない、食欲《しょくよく》もないなあ）と思《おも》っていましたが、これも発作《ほっさ》だったのです。その発作《ほっさ》の最中《さいちゅう》にも体《からだ》をガクガクさせる発作《ほっさ》が起《お》きてしまうこともあります。

「キヨくん！　キヨくん！　どうしたん？　しっかりして！」

いくら声《こえ》をかけても、キヨくんは座《すわ》っているのがやっとの状態《じょうたい》です。座《すわ》っていても、体《からだ》が前後《ぜんご》にゆれていて、目《め》もうつろです。

「なんでこんなことになるの。お薬《くすり》だってちゃんと毎日《まいにち》飲《の》んでいるのに。キヨくん、お母《かあ》さんのことも、わからへんの？」

キヨくんを抱《だ》き、話《はな》しかけても目《め》はうつろなままです。キヨくんは体《からだ》に力《ちから》も入《はい》らないようで、グニャグニャです。

「キヨくん、しっかりして！」

お母《かあ》さんはキヨくんを、もう一度《いちど》抱《だ》きしめました。

その時《とき》です。

キヨくんは、ぐうっと体《からだ》を反《そ》らせました。両目《りょうめ》はまばたきすることなく、ほとんど白目《しろめ》に近《ちか》い状態《じょうたい》になりました。

「うー、うー」

キヨくんは苦《くる》しそうに声《こえ》をもらし始《はじ》めました。両手《りょうて》をかたくにぎりしめ、足《あし》の先《さき》までも力《ちから》が入《はい》っているのがわかります。

「うー、うー」

声《こえ》はさらに大《おお》きくなり、体《からだ》を〝くの字《じ》〟に曲《ま》げ始《はじ》めました。白目《しろめ》は赤《あか》く充血《じゅうけつ》していきます。それからしだいにキヨくんの顔《かお》は青《あお》ざめていき、手《て》の先《さき》や足《あし》の先《さき》も紫色《むらさきいろ》に変《か》わっていきました。

「キヨくん、がんばって！」

発作《ほっさ》の苦《くる》しみにたえているキヨくんに、お母《かあ》さんは見守《みまも》ってあげることしかできません。キヨくんはこんな時《とき》、呼吸《こきゅう》も止《と》めてしまっているので、どんどん顔色《かおいろ》は悪《わる》くなり、くちびるの色《いろ》は黒《くろ》っぽくなっています。

（早《はや》く終《お》わって！　お願《ねが》い！　早《はや》く終《お》わって！）

お母《かあ》さんは生《い》きた心地《ここち》がしません。

キヨくんの手足《てあし》のガクガクがやっと終《お》わって、

「フーッ、フーッ」

と、荒《あら》い息《いき》を始《はじ》めると、くちびるの色《いろ》もしだいに赤《あか》みが戻《もど》っていきます。

「キヨくん、お疲《つか》れさま。よく、がんばったね」

お母《かあ》さんはキヨくんの頭《あたま》をそっとなでてから、薬《くすり》の用意《ようい》をします。

ところが薬《くすり》を使《つか》っても、キヨくんには発作《ほっさ》のあと、悪寒《おかん》（さむけ）が走《はし》るようになりました。ガタガタ、ブルブルとふるえだすのです。ふるえは、ふとんを何枚《なんまい》かけてもおさまりません。

お父《とう》さんやお母《かあ》さんは、ふとんを何枚もかぶって、キヨくんをしっかり抱《だ》きしめて、悪寒《おかん》がおさまるのを待《ま》ちます。キヨくんは文句《もんく》すら言《い》うこともできず、ただ一点《いってん》をじっと見《み》つめ、お父《とう》さんやお母《かあ》さんに抱《だ》きついています。キヨくんのふるえは三〇分以上《ぷんいじょう》も続《つづ》きます。

「キヨ、がんばれ！　あー、発作《ほっさ》だけでも止《と》めてやりたいなぁ。なんとかできへんのか。おしゃべりなんてできなくていい、発作《ほっさ》は苦《くる》しそうや。発作《ほっさ》はかわいそうや」

キヨくんを抱《だ》きしめながら、お父《とう》さんがつぶやきました。

「そうやね。せめて発作《ほっさ》を一回《かい》でも少《すく》なくしてやりたい。せめて少《すこ》しでも発作《ほっさ》を軽《かる》くしてやりたい…」

やっとふるえの止《と》まったキヨくんは、静《しず》かに目《め》を閉《と》じて、深《ふか》い眠《ねむ》りに入《はい》りました。

「キヨくん、がんばったね。ゆっくり体《からだ》を休《やす》めるんだよ」

お母《かあ》さんは、寝入《ねい》ったキヨくんの目《め》にたまった涙《なみだ》をぬぐい、頭《あたま》をそっとなでました。

キヨくんが小学校《しょうがっこう》二年生《ねんせい》になりました。そして、楽《たの》しい夏休《なつやす》みがやってきました。

この夏《なつ》は、みんなで伊勢志摩《いせしま》へ旅行《りょこう》に行《い》きました。その頃《ころ》のキヨくんの状態《じょうたい》は、決《けっ》してよいとはいえませんでしたが、体調《たいちょう》のいい時間帯《じかんたい》だけでも楽《たの》しめたらと思《おも》ったからです。

この年《とし》も、天《てん》ちゃんもいっしょに部屋《へや》ですごせるペンションに泊《と》まりました。

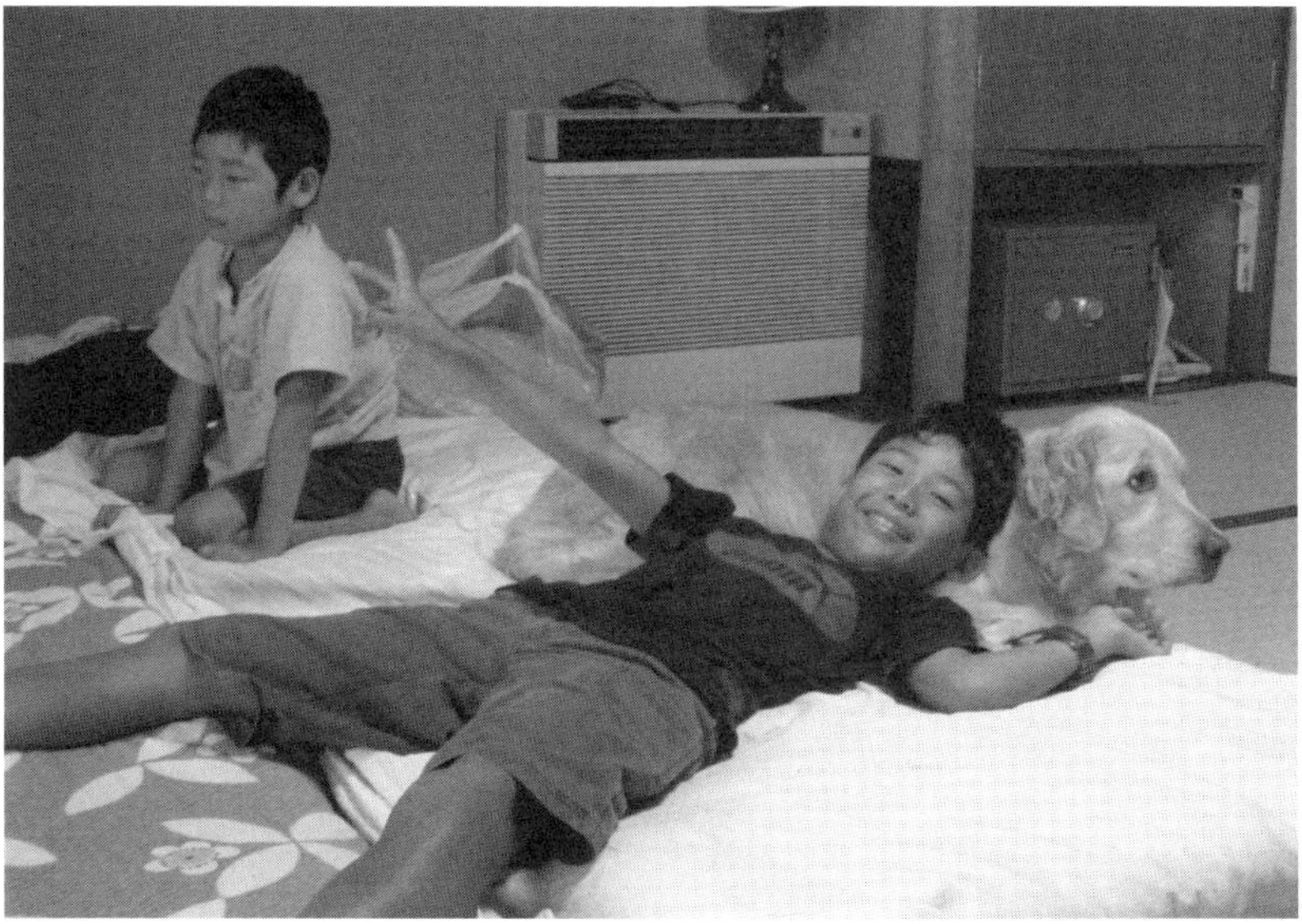

ペンションで天《てん》ちゃんといっしょに寝《ね》たんだよ

だけどお決《き》まりの海水浴《かいすいよく》は、天《てん》ちゃんにとって、少《すこ》しさみしいものになりました。

「キヨくん、いつもの浮《う》き輪《わ》だよ、乗《の》ろうか。天《てん》ちゃんも張《は》り切《き》ってるよ」

お母《かあ》さんがそういって、キヨくんを浮《う》き輪《わ》に乗《の》せようとしました。すると、キヨくんは体《からだ》を反《そ》らし、足《あし》を入《い》れてもすぐに出《だ》してしまいます。

「キヨくん、もしかしたら、浮《う》き輪《わ》はもう卒業《そつぎょう》したいの？」

お母《かあ》さんが、キヨくんが学校《がっこう》で使《つか》っている腕《うで》にはめる浮《う》き輪《わ》を見《み》せてやると、ニコッと笑《わら》ってすぐに手《て》を入《い》れました。

「そうなんや。天《てん》ちゃん、もう天《てん》ちゃんに引《ひ》っぱってもらわんでいいみたいよ。キヨくん自分《じぶん》で泳《およ》ぎたくなったんよ」

（ふーん、張《は》り切《き》って来《き》たのになあ…）

天《てん》ちゃんは、せっかくの意気込《いきご》みが空《から》ぶりに終《お》わってしまい、ガックリしています。でも、浮《う》き輪《わ》は引《ひ》っぱれなくても、いっしょに泳《およ》げます。キヨくんは、自分《じぶん》で泳《およ》ぎたいと思《おも》えるほど、成長《せいちょう》したのです。天《てん》ちゃんは、そのことをうれしく思《おも》いました。

「キヨくんが海《うみ》に入《はい》って行《い》くよ。天《てん》ちゃんも行《い》こう！」

そういって歩《ある》きだしたお母《かあ》さんのあとを追《お》って、天《てん》ちゃんも青《あお》くすんだ海《うみ》に向《む》かいました。

心配《しんぱい》していたキヨくんの体調《たいちょう》も、旅行《りょこう》の間《あいだ》は落《お》ちついていて、新《あたら》しい経験《けいけん》もたくさんできました。楽《たの》しいことや、うれしいことが、病気《びょうき》に効《き》くのかもしれません。

リードが持《も》てたよ

キヨくんは小学《しょうがく》二年生《ねんせい》ですが、まだしっかり歩《ある》けません。バランスが悪《わる》く、上半身《じょうはんしん》は右《みぎ》に左《ひだり》に不自然《ふしぜん》にゆれ動《うご》きます。踏《ふ》みだす足幅《あしはば》も大《おお》きかったり、小《ちい》さかったりして、カクンカクンとしています。「酔《よ》っぱらいみたい」と言《い》われることも、「タコ踊《おど》りみたい」と言《い》われることもしょっちゅうです。

キヨくんがどうしてそんな歩《ある》き方《かた》になるのか、よくわかりません。足《あし》の病気《びょうき》ではないからです。でも、この歩《ある》き方《かた》は『ＳＭＥ《エスエムイー》』の特徴《とくちょう》のひとつでもあるの

です。お母《かあ》さんがリハビリの先生《せんせい》に相談《そうだん》すると、

「どんどん歩《ある》くことですよ」

と言《い》われました。でも、キヨくんは歩《ある》くのがあまり好《す》きではありません。みんなといっしょに、天《てん》ちゃんと散《さん》歩《ぽ》をしても、

「あー、あー」

文句《もんく》を言《い》います。せっかくのお散《さん》歩《ぽ》も、キヨくんは苦《くる》しいだけです。

ふだんの天《てん》ちゃんは、リードをグイグイ引《ひ》っぱって歩《ある》くことはしません。リードを持《も》つお母《かあ》さんや、将基《まさき》くんの横《よこ》に並《なら》んで歩《ある》きます。でも、天《てん》ちゃんはキヨくんがちゃんとついて来《き》ているのか気《き》になってしかたありません。

（あーあ、キヨくんまだあんなとこだわ。みんな、ここで待《ま》ってましょ）

そんなふうに、天《てん》ちゃんは立《た》ち止《ど》まります。

「天《てん》、どうしたん？　行《い》くで」

止《と》まってしまった天《てん》ちゃんのリードをクイッと、将基《まさき》くんが引《ひ》きます。

(待《ま》って！　キヨくんがまだなのよ。ほらっ、キヨくん、早《はや》くぅ)

「あー、キヨか…。天《てん》ちゃんは優《やさ》しいなぁ。キヨ！　早《はや》く来《こ》い！」

将基《まさき》くんがキヨくんに大《おお》きな声《こえ》で呼《よ》びかけます。

天《てん》ちゃんは、ほんとうにキヨくん思《おも》いの優《やさ》しい妹《いもうと》です。

でも、この妹《いもうと》は、大《だい》のこわがり屋《や》さんです。犬《いぬ》にほえられるのが苦手《にがて》なのです。散歩《さんぽ》の途中《とちゅう》で犬《いぬ》にほえられると、ピンと立《た》っていたしっぽが、クルンとお腹《なか》の中《なか》に丸《まる》まって入《はい》ってしまうのです。そして情《なさ》けなそうな顔《かお》をして、サッとお母《かあ》さんのうしろに隠《かく》れます。

「オイオイ、そんな大《おお》きな体《からだ》を隠《かく》しきられるほど、お母《かあ》さんはオデブじゃないよ。丸見《まるみ》えなんだよぉ」

そんなお母《かあ》さんのなげきも無視《むし》して、天《てん》ちゃんは隠《かく》れます。

天《てん》ちゃんは、姿《すがた》が見《み》えない犬《いぬ》にほえられるのがもっと苦手《にがて》です。

（どこ？　どこからほえているの？）

と、こわがりながら辺《あた》りをうかがっていると、道《みち》の角《かど》から小《ちい》さなヨークシャテリアや、マルチーズが現《あらわ》れます。

「あー、カッコ悪《わる》い、そんな大《おお》きな体《からだ》して」

お母《かあ》さんはブツブツ言《い》いながら、先《さき》に進《すす》みます。

犬《いぬ》にほえられるのがこわくて、大《おお》きな音《おと》にもこわがる天《てん》ちゃん。

その天《てん》ちゃんのリードを、キヨくんはまだ持《も》って歩《ある》いたことがありませんでした。お母《かあ》さんはキヨくんに、こわがり天《てん》ちゃんのリードを持《も》たせることに、ためらいがあったからです。というのは、キヨくんはひとりで歩《ある》くだけでも転《ころ》んでしまったりするくらいですから…。

いつもちょっと置《お》いてけぼりのキヨくんにしてみたら、いつかはみんなと同《おな》じように、リードを持《も》って、天《てん》ちゃんと歩《ある》きたくてしょうがないのです。

リハビリの先生《せんせい》は、たくさん歩《ある》くのがキヨくんにはいいと言《い》っていました。

お母《かあ》さんは決心《けっしん》しました。天《てん》ちゃんの首輪《くびわ》にリードを二本《ほん》つけてみました。

一本《ぽん》はお母《かあ》さんが、もう一本《ぽん》をキヨくんに持《も》たせてみたのです。キヨくんは、大《おお》よろこびです。その日《ひ》の散歩《さんぽ》は、ニコニコして歩《ある》き始《はじ》めました。

（キヨくんが、わたしのリードを持《も》ってる。キヨくん、お散歩《さんぽ》、楽《たの》しいね）

天《てん》ちゃんは、お母《かあ》さんとキヨくんの間《あいだ》に入《はい》り、うれしそうにしっぽを振《ふ》りふり歩《ある》いています。

それでも、張《は》り切《き》って歩《ある》いていたキヨくんでしたが、少《すこ》し疲《つか》れたのか、天《てん》ちゃんの横《よこ》からうしろへと、しだいに下《さ》がり始《はじ》めてしまいました。

「アハハ」

将基《まさき》くんが大《おお》きな声《こえ》で笑《わら》いだしました。

「将基《まさき》、どうしたん？　なに笑《わら》ってるの？」

「お母《かあ》さん、天《てん》ちゃんのしっぽ見《み》てみ！　車《くるま》のワイパーみたいや。キヨくんの顔《かお》をふいてるみたい」

「ハハハ、ほんまや。キヨくん、だんだん歩《ある》くのが遅《おそ》くなってたからやね」

天《てん》ちゃんのしっぽが、キヨくんの顔《かお》をなでていました。

「アハハ、キヨくんが目《め》をショボショボしてるで」

「ハハハ、ほんまや。そんなでも天《てん》ちゃんのリードは離《はな》さへんねんね」

キヨくんは目《め》をしょぼつかせながら、口《くち》を〝への字《じ》〟にきゅっと結《むす》んで、しっかり天《てん》ちゃんのリードを、にぎりしめていました。

お母《かあ》さんはキヨくんのために、短《みじか》いリードを探《さが》しました。たくさんのペットショップを探《さが》し回《まわ》りましたが、短《みじか》いリードは売《う》っていませんでした。考《かん》えた末《すえ》、天《てん》ちゃんの首輪《くびわ》に、さらに細《ほそ》めの首輪《くびわ》を付《つ》けてみました。それは、とても短《みじか》いキヨくん専用《せんよう》のリードです。

お母《かあ》さんは、専用《せんよう》リードをつけて、キヨくんといっしょに天《てん》ちゃんの散歩《さんぽ》に出《で》かけました。今度《こんど》はバッチリです。

天《てん》ちゃんの真横《まよこ》に首輪《くびわ》のリードを持《も》ったキヨくんが、にこやかに胸《むね》を反《そ》らして歩《ある》いています。

「キヨくん、上手《じょうず》、上手《じょうず》」

キヨくんの足《あし》が一歩《ぽ》、二歩《ほ》、足《あし》どり軽《かる》く三歩《ぽ》、四歩《ほ》と、リズミカルに運《はこ》ばれるようでした。少《すこ》し疲《つか》れてゆっくりになってきたキヨくんを、天《てん》ちゃんは優《やさ》しく引《ひ》っぱるように歩《ある》きだしました。

「天《てん》ちゃん、上手《じょうず》、上手《じょうず》」

こうして、キヨくんと天《てん》ちゃんとの楽《たの》しい散歩《さんぽ》が続《つづ》きました。

キヨくんの歩《ある》ける距離《きょり》は、日《ひ》に日《ひ》にどんどん長《なが》くなっていきました。

「キヨくん、きょうはこっちの公園《こうえん》まで来《こ》られたね」

キヨくんも天《てん》ちゃんとなら、楽《たの》しみながらのリハビリになります。イヤイヤ歩《ある》かされるのではなく、「天《てん》ちゃんといっしょに歩《ある》きたい」という気持《きも》ちが、きっとキヨくんの足《あし》を動《うご》かすのでしょう。

(もっともっと、いろんなところに、いっしょに歩《ある》いて行《い》こうね)

天《てん》ちゃんは、うれしそうにキヨくんの顔《かお》をなめました。

少《すこ》しずつ少《すこ》しずつ、キヨくんの歩行《ほこう》もシッカリしてきました。

「ここなら、人通《ひとどお》りも少《すく》ないからだいじょうぶかな？」

お母《かあ》さんは持《も》っていたリードを、そっと手《て》から離《はな》してみました。キヨくんひとりが天《てん》ちゃんのリードを持《も》っています。天《てん》ちゃんもいつもと変《か》わりなく歩《ある》い

キヨくんがひとりでリードを持《も》てたよ、転《ころ》ばないようにね

ています。

「やった！　キヨくんがひとりで天ちゃんのリードを持《も》ってる」

車《くるま》がうしろから近寄《ちかよ》ってきました。

「天《てん》、止《と》まれ！」

お母《かあ》さんが天《てん》ちゃんに声《こえ》をかけました。天《てん》ちゃんはちゃんとストップして、キヨくんの横《よこ》にいます。天《てん》ちゃんが止《と》まると、キヨくんもそのまま足《あし》を止《と》めました。

キヨくんの顔《かお》がなんだか少《すこ》しお兄《にい》ちゃんに見《み》えた、そんなひとときでした。

ボールを投《な》げられたよ

天《てん》ちゃんとの散歩《さんぽ》で、キヨくんは以前《いぜん》よりたくさん歩《ある》くことができるように

そ〜れ、紅組《あかぐみ》がんばれ、白組《しろぐみ》がんばれ、キヨくんがんばれ

なりました。

でも、上半身《じょうはんしん》の動《うご》きは、まだまだぎこちないものでした。

キヨくんは小学校《しょうがっこう》三年生《ねんせい》になってもボール投《な》げができませんでした。ボールを持《も》たせても、ポトンとゆっくり落《お》とすだけです。

運動会《うんどうかい》の玉入《たまい》れでは、障害児《しょうがいじ》学級《がっきゅう》の担任《たんにん》の先生《せんせい》が肩車《かたぐるま》をしてくださいました。それでも、やっぱり投《な》げるところまでいかず、カゴの中《なか》にポトン、ポトンと落《お》とすのがやっとでした。

それから、キヨくんのボール投《な》げの挑戦《ちょうせん》が始《はじ》まりました。

「キヨくん、ボール投《な》げの練習《れんしゅう》しよう。こうして手《て》をうしろに持《も》っていって、それから、こうボールを放《はな》すんやで」

ところが、キヨくんはボールをポトンと落《お》とすだけでした。

キヨくんは自分《じぶん》が投《な》げられないので、みんなが天《てん》ちゃんとボール遊《あそ》びをしているところを、さびしそうにじっと見《み》ているだけでした。

キヨくんは自分《じぶん》が投《な》げられないくやしさからか、天《てん》ちゃんのボールが転《ころ》がっているのを見《み》つけると、よく隠《かく》しました。ボールの隠《かく》し場所《ばしょ》は、いつもソファーの隅《すみ》です。キヨくん自身《じしん》もかくれんぼの時《とき》に隠《かく》れる場所《ばしょ》です。

天《てん》ちゃんは、どこにボールが隠《かく》されているか、においですぐにわかります。でも、狭《せま》い場所《ばしょ》に隠《かく》されていたので、見《み》つけてもボールを取《と》ることができませんでした。

クゥーン、クゥーン。

天《てん》ちゃんが、その隅《すみ》をのぞき込《こ》んでなきます。そして、お母《かあ》さんや将基《まさき》くんに、(ここに、ボールがあるよ)と、うったえかけました。

「あーあー、またやられたん？　はい、はい、取《と》ったげよね」

ソファーの隅《すみ》から、ボールを一個《こ》、二個《こ》、三個《こ》、ついでにキヨくんのミニカーも出《で》てきたりします。天《てん》ちゃんはしっぽを振《ふ》りふり、ボールをくわえると、投《な》げて投《な》げてとさそってきます。投《な》げてもらうと、キヨくんを横目《よこめ》でチラっと見《み》て、フフンと笑《わら》って大張《おおは》り切《き》りで取《と》りに走《はし》ります。

ある日《ひ》、何回《なんかい》もキヨくんにボールを隠《かく》されるので、天《てん》ちゃんは意《い》を決《けっ》して、その隅《すみ》っこに頭《あたま》からつっこみました。天《てん》ちゃんの体《からだ》くらいの広《ひろ》さの場所《ばしょ》です。みんなは、出《で》てこられないんじゃないかと、様子《ようす》を見《み》ていました。なにやらゴソゴソ動《うご》いています。ソファーも、ちょっとだけ動《うご》いています。ピョコン！

天《てん》ちゃんの顔《かお》が見《み》えました。

「天《てん》ちゃん、ちゃんとボールくわえてるよ」

「わー、やったなぁ、天《てん》！　これでもう自分《じぶん》で取《と》れるやん」

クゥーン、クゥーン。

でも、ボールをくわえた天《てん》ちゃんが情《なさ》けなそうに、なき続《つづ》けています。

「もしかして、出《で》てこられへんの？」

「アハハハハ…。お腹痛《なかいた》いー。アハハハ」

将基《まさき》くんは笑《わら》いながら、天《てん》ちゃんの救助《きゅうじょ》に向《む》かいました。

そんなことがあっても、天《てん》ちゃんは勇気《ゆうき》を出《だ》して何度《なんど》もソファーの隅《すみ》へもぐりました。そしてとうとう出入《でい》り自由《じゆう》になると、今度《こんど》はキヨくんが少《すこ》しつまらなそうでした。

ボール隠《かく》しの次《つぎ》は、ボール投《な》げに挑戦《ちょうせん》だよ

でも、ボール隠《かく》しは今《いま》なお続《つづ》いています。キヨくんと天《てん》ちゃんの遊《あそ》びのひとつになっているのかもしれません。

お母《かあ》さんはキヨくんに、天《てん》ちゃんとボール遊《あそ》びをさせたいと思《おも》いました。そして、天《てん》ちゃんをさそって、ボール投《な》げの練習《れんしゅう》をすることにしました。

「キヨくん。ボール投《な》げ、天《てん》ちゃんとやろ。ねっ、楽《たの》しいで」

キヨくんは、ニコリとしました。

もう少《すこ》しだよ、がんばれキヨくん

キヨくんは天《てん》ちゃんといっしょに、何度《なんど》もなんども練習《れんしゅう》しました。天《てん》ちゃんはいつボールが飛《と》んでもいいように、キヨくんの横《よこ》にいつもスタンバイするようになっていました。

「あー、そうとちゃうでしょ。どうして手首《てくび》を回《まわ》すの。あー、なんでこの時《とき》に手《て》のひらを広《ひろ》げへんの」

お母《かあ》さんも、必死《ひっし》でした。

だけど何度《なんど》やっても、キヨくんは手《て》のひらを返《かえ》すようにポトンとボールを落《お》とすのでした。そんなボールだと、天《てん》ちゃんは取《と》りに走《はし》れません。

「あー、もうちょっとやのに。ほらっ、ボールをしっかりにぎって」

お母《かあ》さんはキヨくんに手《て》をそえて、ボールを持《も》つ手《て》をうしろに反《そ》らせました。

「それっ！　キヨくん」

お母《かあ》さんのかけ声《ごえ》とともに、ヒュッと短《みじか》い距離《きょり》ですが、ボールが飛《と》びました。

キヨくんがボールを投《な》げたのです。

天《てん》ちゃんは、ボールを取《と》りに走《はし》りだしました。パクッとボールをくわえた天《てん》ちゃんは、キヨくんの元《もと》へしっぽを振《ふ》りふり帰《かえ》ってきます。キヨくんも少《すこ》しびっくりしています。

（キヨくん、やったね！）

天《てん》ちゃんは、ボールをキヨくんの前《まえ》にポトンと落《お》としました。そしてキヨくんの横《よこ》にチョコンとお座《すわ》りして、もう一度《いちど》ボールが飛《と》んでいくのを待《ま》ちました。

（もう一回《かい》、投《な》げてごらん）

まるで天《てん》ちゃんがそう言《い》っているようでした。

キヨくんもやる気満々《きまんまん》です。お母《かあ》さんがキヨくんにボールを持《も》たせてやると、グッと力《ちから》を込《こ》めてボールをにぎりしめました。天《てん》ちゃんもスタンバイして、キヨくんを見《み》つめています。

さっきと同《おな》じようにお母《かあ》さんがボールを持《も》つキヨくんの手《て》をそっと、うしろに反《そ》らせてやりました。お母《かあ》さんはその手《て》を離《はな》し、声《こえ》をかけます。

「キヨくん、それっ！」

ボールはヒュッと、青《あお》い空《そら》に飛《と》んでいきました。

それは、ほんの少《すこ》しの距離《きょり》でしたが、天《てん》ちゃんはボールへ向《む》かって走《はし》りだしました。

「少《すこ》しずつ、少《すこ》しずつ、長《なが》い距離《きょり》を投《な》げられるようになれるといいね」

やったねキヨくん、青《あお》い空《そら》にむかってとんだよ

お母《かあ》さんは、にこやかに天《てん》ちゃんを見《み》つめるキヨくんをうしろから抱《だ》きしめました。

（これからだよ！　これからもっともっと、楽《たの》しくなるよ！）

ボールをくわえて戻《もど》ってくる天《てん》ちゃんが、そう言《い》っているように、かけて来《き》ました。

●おわりに

　世界保健機構《せかいほけんきこう》「ＷＨＯ《ダブリューエッチオー》」では、てんかんとは「種々《しゅしゅ》の成因《せいいん》によってもたらされる慢性《まんせい》の脳疾患《のうしっかん》であって、大脳《だいのう》ニューロンの過激《かげき》な発射《はっしゃ》から由来《ゆらい》する反復性《はんぷくせい》の発作《ほっさ》（てんかん発作《ほっさ》）を主徴《しゅちょう》とし、それに変異《へんい》に富《と》んだ臨床《りんしょう》ならびに検査所見《けんさしょけん》表出《ひょうしゅつ》がともなう」と定義《ていぎ》しています。

　大発作《だいほっさ》といわれているものは、意識《いしき》を失《うしな》い、とつぜん倒《たお》れて手足《てあし》がガクガクとけいれんするわけですから、子《こ》どもがはじめて見《み》ても、それが〈ただ事《ごと》ではない〉と気《き》づきます。反対《はんたい》に体《からだ》の一部《いちぶ》、または全体的《ぜんたいてき》にピクッピクッとなるミオクロニー発作《ほっさ》、とつぜん動作《どうさ》が中断《ちゅうだん》し、ボーッとなる欠神発作《けっしんほっさ》など、大人《おとな》が見《み》てもわかりにくい発作《ほっさ》もあります。

発作《ほっさ》が起《お》きる原因《げんいん》はふつう、疲《つか》れ・睡眠不足《すいみんぶそく》・お薬《くすり》の飲《の》み忘《わす》れなどがいわれますが、〈SME〉《エスエムイー》にはその原因《げんいん》を取《と》り除《のぞ》くことの難《むずか》しいものがたくさんあります。興奮《こうふん》・入浴《にゅうよく》、そして約半数《やくはんすう》の患児《かんじ》が持《も》つといわれている光過敏《ひかりかびん》・図形《ずけい》過敏《かびん》など、日々《ひび》の生活《せいかつ》をしていく上《うえ》で防《ふせ》ぎようがありません。光《ひかり》では、ゲームはもちろんテレビ、クリスマスツリーなどに付《つ》けられる点滅《てんめつ》する飾《かざ》り、太陽《たいよう》の木漏《こも》れ日《び》でさえ発作《ほっさ》は簡単《かんたん》に起《お》こってしまいます。図形過敏《ずけいかびん》では、縞模様《しまもよう》や水玉模様《みずたまもよう》、エスカレーターに乗《の》って足元《あしもと》を見《み》るだけでも、発作《ほっさ》は簡単《かんたん》に起《お》こってしまいます。

〈SME〉《エスエムイー》は、かかえる発作《ほっさ》の種類《しゅるい》も多《おお》く、発作《ほっさ》は年齢《ねんれい》と共《とも》に変《か》わっていきます。キヨくんの場合《ばあい》でも、発作《ほっさ》は五種類《しゅるい》を数《かぞ》え、発作《ほっさ》の多《おお》い時間帯《じかんたい》は起《お》きている時《とき》から寝《ね》ている時《とき》にと変《か》わりました。起《お》きてさえいれば大丈夫《だいじょうぶ》というわけではないので、ある意味《いみ》、年《ねん》がら年中《ねんじゅう》、いつ発作《ほっさ》が起《お》きても不思議《ふしぎ》はないという状態《じょうたい》です。

ですからお薬《くすり》も、たくさんの種類《しゅるい》、たくさんの量《りょう》になりがちです。このお薬《くすり》にはこういった副作用《ふくさよう》(お薬《くすり》を飲《の》むことで大丈夫《だいじょうぶ》なところが悪《わる》くなってしまう)があると、わかっていながらも飲《の》ませているお薬《くすり》もあります。それでも、発作《ほっさ》はなくなりません。

一分《ぷん》一秒《びょう》でもはやく、苦《くる》しい発作《ほっさ》から解放《かいほう》させてやりたいです。

一分《ぷん》一秒《びょう》でもはやく、安全《あんぜん》でよいお薬《くすり》をつくりたいのです。

そのために「きよくん基金《ききん》」を募《つの》りたい。

せめて、毎日《まいにち》ある発作《ほっさ》の回数《かいすう》だけでも減《へ》りますように…。

そして、いつか、いつの日《ひ》か発作《ほっさ》がなくなりますように…。

その願《ねが》いを少《すこ》しでも現実《げんじつ》のものへ近《ちか》づけたくて、私《わたし》は出版《しゅっぱん》を夢見《ゆめみ》るのですが、それはかなり厳《きび》しいものでした。何度《なんど》も私自身《わたしじしん》の文才《ぶんさい》の無《な》さにくじけそうになりながらも、発作《ほっさ》に苦《くる》しむキヨくんを見守《みまも》る日々《ひび》が、私《わたし》をワープロの前《まえ》に座《すわ》らせたように感《かん》じます。

この度《たび》、「わんマン賞《しょう》」を受賞《じゅしょう》し、第一歩《だいいっぽ》を踏《ふ》み出《だ》すことができました。この本《ほん》の出版《しゅっぱん》にあたっては編集長《へんしゅうちょう》の藤川進様《さま》、担当《たんとう》の佐々木照美様《さま》はじめ、ハート出版《しゅっぱん》の皆様《みなさま》には心《こころ》より感謝申《かんしゃもう》し上《あ》げます。

また、本《ほん》の帯《おび》に一文《いちぶん》と写真《しゃしん》を下《くだ》さった石井《いしい》めぐみ様《さま》、巻末《かんまつ》に一文《いちぶん》を下《くだ》さった白坂幸義先生《しらさかゆきよしせんせい》、イラストを描《か》いて下《くだ》さった松浦《まつうら》ヒロミ様《さま》、「きよくん基金《ききん》を募《つの》る会《かい》」におきましては、すでに多数《たすう》の会員《かいいん》の方々《かたがた》が共《とも》に活動《かつどう》して下《くだ》さっています。この場《ば》をお借《か》りして、心《こころ》より感謝申《かんしゃもう》し上《あ》げます。

そして何《なに》よりも私《わたし》を支《ささ》え続《つづ》けてくれている夫《おっと》、共《とも》にがんばってくれている
長男《ちょうなん》へ、これからもよろしく！

＊　＊

この本《ほん》を手《て》にし、読《よ》んで下《くだ》さったあなた様《さま》へのお願《ねが》いです。

あなたの〈愛《あい》〉を少《すこ》しだけ分《わ》けてください。
〈少《すこ》しの愛《あい》〉が、たくさんたくさん集《あつ》まれば、奇跡《きせき》が起《お》きるかもしれません。
あなたにとっての〈愛《あい》〉を少《すこ》しだけ分《わ》けてください。
〈少《すこ》しの愛《あい》〉が、いろいろ集《あつ》まれば、奇跡《きせき》が起《お》きるかもしれません。

●キヨくんの主治医《しゅじい》より――白坂幸義先生《しらさかゆきよしせんせい》

てんかんには治《なお》りやすいものと治《なお》りにくいものがありますが、キヨくんのてんかんは本文《ほんぶん》にも触《ふ》れられているように治《なお》りにくいものの代表《だいひょう》です。キヨくんに初《はじ》めてお会《あ》いしたのは2年《ねん》ほど前《まえ》ですが、この本《ほん》の著者《ちょしゃ》であるお母様《かあさま》・ご家《か》族《ぞく》の皆様《みなさま》の常《つね》に前向《まえむ》きな姿勢《しせい》には感動《かんどう》しています。キヨくんは、甘《あま》いもの・炭《たん》水化物《すいかぶつ》を極端《きょくたん》に制限《せいげん》したケトン食《しょく》というきびしい食事療法《しょくじりょうほう》をしていますが、以前《いぜん》お母様《かあさま》が工夫《くふう》して作《つく》られたケトン食《しょく》のケーキをもってこられ、そのアイデアにびっくりしたことがあります。

この度《たび》、キヨくんとご家族《かぞく》のお話《はなし》を出版《しゅっぱん》されるということでまた驚《おどろ》かされたわけですが、その売《う》り上《あ》げ利益《りえき》をすべて、てんかんの研究基金《けんきゅうききん》として寄付《きふ》されるとのこと、てんかんの一研究者《いちけんきゅうしゃ》として感謝《かんしゃ》しております。

林 優子（はやし・ゆうこ）

昭和34年、兵庫県生まれ。昭和53年、神戸山手女子短期大学芸術科卒業。次男が生後6ヶ月でＳＭＥを発病。家族の支え、人とのふれ合い、動物とのふれ合いに、閉ざしていた自分自身と次男の心が次第に開かれていく。その経験をもとに、てんかんの理解を深める活動として、てんかん協会と共に児童向けアニメを制作、ＮＨＫ教育テレビに出演、体験作文においては内閣官房長官賞を受賞。学校大好きフォトコンテスト入賞。現在、「きよくん基金を募る会」を立ち上げ、活動中。

●「きよくん基金」を募る会

「乳児重症ミオクロニーてんかん」の医療の増進および「てんかん発作を持つ障害児・障害者」の人権の擁護を図ることを目的として活動しています。

問い合わせ先　ＦＡＸ.0797−85−8847　林　優子
Ｅメールアドレス　kiyokunkikin@jttk.zaq.ne.jp
ホームページアドレス　http://www.jttk.zaq.ne.jp/kiyokun
きよくん基金への寄附は、郵便振替00950−2−296144
（加入者名　きよくん基金を募る会）までお願い申し上げます。

こころの介助犬《かいじょけん》 天《てん》ちゃん

平成16年7月7日　第1刷発行
平成16年9月29日　第2刷発行

著　者　林　優子
発行者　日高裕明
発　行　株式会社ハート出版

ハート出版ホームページ
http://www.810.co.jp

〒171-0014
東京都豊島区池袋3-9-23
TEL.03-3590-6077
FAX.03-3590-6078

定価はカバーに表示してあります

印刷・製本／図書印刷

ISBN4-89295-305-9 C8093

© hayashi Yuko

ドキュメンタル童話・犬シリーズ

捨てないで! 傷つけないで! 殺さないで!

実験犬シロのねがい

●沼津市課題図書

捨てられた犬や猫は、こっそり「動物実験」に回されています。東京都政を動かすきっかけになったシロの実話。払い下げ廃止の波が、全国の自治体に波及している。

井上夕香・作／葉 祥明・画

も・い・ち・ど・あ・い・た・い

ほんとうのハチ公物語

亡くなったご主人を迎えに十年間も渋谷の駅に通った名犬。東大農学部に保存されているハチ公の内臓が初公開されて分かった意外な真実とは…。渋谷の銅像、国立博物館のはく製、ハチは今も生きている。

綾野まさる・作／日高康志・画

「ななえさん、お母さんになる」の巻

こんにちは! 盲導犬ベルナ

●富山県推薦図書／他

目の見えない、ななえさんの夢は、お母さんになること。そのためには大嫌いな犬とパートナーを組まなければなりません。盲導犬とともに困難を乗り越えてきた実話。

郡司ななえ・作／高橋貞二・画

みんなに愛され石像になった

学校犬クロの一生

●北海道指定図書

冬の寒い朝、通学路に捨てられていた子犬。子供たちの決断が、先生や親を動かし、学校で飼うことになった。十年間、多くの子どもたちの心を支え続けた黒い犬。

今泉耕介・作／日高康志・画

本体価格:各1200円

ドキュメンタル童話・犬シリーズ

セラピー犬にチャレンジ！

2本足の犬 次朗《じろう》

●日本図書館協会選定図書・岩手県課題図書

列車事故で後ろ足をうしなった犬がボランティアの熱心な介護で奇跡的に回復。いまでは施設のお年寄りや病気に悩む人を癒やすセラピー・ドッグとして活躍している。

桑原崇寿・作／写真

日本初！難病の久美子ちゃんがチャレンジ

介助犬 武蔵《むさし》と学校へ行こう

日本で初めて中学生のための介助犬が無償で貸与された。脊髄性筋萎縮症という難病で残された時間が少ない女の子と介助犬の新たな生活が始まる。

日本介助犬トレーニングセンター監修

綾野まさる・作／高橋貞二・画

山道20キロを歩きつづけた伝説のノラ犬

高野《こうや》山《さん》の案内犬ゴン

●日本図書館協会選定図書

ふしぎな、ふしぎな白い犬。ふらりとやって来て、ただひたすらに、人々を山の向こうの高野山まで案内した犬。１２００年前の伝説の名犬が現代によみがえった⁉

関 朝之・作／写真

君のことはぜったい忘れないよ

おてんば盲導犬モア

●日本図書館協会選定図書・北海道指定図書

いたずら好きなモアはハーネスをつけたままご主人から離れて、どこかへ行ってしまいました。地元ラジオで「指名手配」もされた盲導犬がくりひろげる楽しい実話。

今泉耕介・作／日高康志・画

本体価格：各1200円